U0588655

中华精神家园
悠久历史

变法图强

历代变法与图强革新

肖东发 主编　杜友龙 编著

中国出版集团
现代出版社

图书在版编目（CIP）数据

变法图强 / 杜友龙编著. — 北京：现代出版社，
2014.11（2020.01重印）

（中华精神家园书系）

ISBN 978-7-5143-3073-1

Ⅰ. ①变… Ⅱ. ①杜… Ⅲ. ①政治思想史－中国－古
代 Ⅳ. ①D092.2

中国版本图书馆CIP数据核字(2014)第244373号

变法图强：历代变法与图强革新

总 策 划：陈　恕
主　　编：肖东发
作　　者：杜友龙
责任编辑：王敬一
出版发行：现代出版社
通信地址：北京市定安门外安华里504号
邮政编码：100011
电　　话：010-64267325 64245264（传真）
网　　址：www.1980xd.com
电子邮箱：xiandai@cnpitc.com.cn
印　　刷：山东省东营市新华印刷厂
开　　本：710mm×1000mm　1/16
印　　张：11
版　　次：2015年4月第1版　2020年1月第3次印刷
书　　号：ISBN 978-7-5143-3073-1
定　　价：40.00元

版权所有，翻印必究；未经许可，不得转载

党的十八大报告指出："文化是民族的血脉，是人民的精神家园。全面建成小康社会，实现中华民族伟大复兴，必须推动社会主义文化大发展大繁荣，兴起社会主义文化建设新高潮，提高国家文化软实力，发挥文化引领风尚、教育人民、服务社会、推动发展的作用。"

我国经过改革开放的历程，推进了民族振兴、国家富强、人民幸福的中国梦，推进了伟大复兴的历史进程。文化是立国之根，实现中国梦也是我国文化实现伟大复兴的过程，并最终体现为文化的发展繁荣。习近平指出，博大精深的中国优秀传统文化是我们在世界文化激荡中站稳脚跟的根基。中华文化源远流长，积淀着中华民族最深层的精神追求，代表着中华民族独特的精神标识，为中华民族生生不息、发展壮大提供了丰厚滋养。我们要认识中华文化的独特创造、价值理念、鲜明特色，增强文化自信和价值自信。

如今，我们正处在改革开放攻坚和经济发展的转型时期，面对世界各国形形色色的文化现象，面对各种眼花缭乱的现代传媒，我们要坚持文化自信、古为今用、洋为中用、推陈出新，有鉴别地加以对待，有扬弃地予以继承，传承和升华中华优秀传统文化，发展中国特色社会主义文化，增强国家文化软实力。

浩浩历史长河，熊熊文明薪火，中华文化源远流长，滚滚黄河、滔滔长江，是最直接的源头，这两大文化浪涛经过千百年冲刷洗礼和不断交流、融合以及沉淀，最终形成了求同存异、兼收并蓄的辉煌灿烂的中华文明，也是世界上唯一绵延不绝而从没中断的古老文化，并始终充满了生机与活力。

中华文化曾是东方文化摇篮，也是推动世界文明不断前行的动力之一。早在500年前，中华文化的四大发明催生了欧洲文艺复兴运动和地理大发现。中国四大发明先后传到西方，对于促进西方工业社会的形成和发展，曾起到了重要作用。

中华文化的力量，已经深深熔铸到我们的生命力、创造力和凝聚力中，是我们民族的基因。中华民族的精神，也已深深植根于绵延数千年的优秀文化传统之中，是我们的精神家园。

总之，中华文化博大精深，是中国各族人民五千年来创造、传承下来的物质文明和精神文明的总和，其内容包罗万象，浩若星汉，具有很强的文化纵深，蕴含丰富宝藏。我们要实现中华文化伟大复兴，首先要站在传统文化前沿，薪火相传，一脉相承，弘扬和发展五千年来优秀的、光明的、先进的、科学的、文明的和自豪的文化现象，融合古今中外一切文化精华，构建具有中国特色的现代民族文化，向世界和未来展示中华民族的文化力量、文化价值、文化形态与文化风采。

为此，在有关专家指导下，我们收集整理了大量古今资料和最新研究成果，特别编撰了本套大型书系。主要包括独具特色的语言文字、浩如烟海的文化典籍、名扬世界的科技工艺、异彩纷呈的文学艺术、充满智慧的中国哲学、完备而深刻的伦理道德、古风古韵的建筑遗存、深具内涵的自然名胜、悠久传承的历史文明，还有各具特色又相互交融的地域文化和民族文化等，充分显示了中华民族的厚重文化底蕴和强大民族凝聚力，具有极强的系统性、广博性和规模性。

本套书系的特点是全景展现，纵横捭阖，内容采取讲故事的方式进行叙述，语言通俗，明白晓畅，图文并茂，形象直观，古风古韵，格调高雅，具有很强的可读性、欣赏性、知识性和延伸性，能够让广大读者全面接触和感受中国文化的丰富内涵，增强中华儿女民族自尊心和文化自豪感，并能很好继承和弘扬中国文化，创造未来中国特色的先进民族文化。

2014年4月18日

上古时期——革故鼎新

中古时期——与民更始

近古时期——推行新政

近世时期——矫国更俗

春秋战国是我国历史上的上古时期。这一时期是我国奴隶制崩溃、封建制确立的过渡时期，并出现了我国历史上的第一次思想大解放，形成了"百家争鸣"的局面。

在这样的历史背景下，各国变法运动风起云涌，涌现出管仲、子产、李悝、吴起、申不害、赵武灵王及商鞅这样的改革家。

这些改革先行者在经济、政治、军事、文化等方面的变法，为奴隶制向封建制过渡进行了革故鼎新。他们名垂千秋，永载史册。

上古时期
革故鼎新

齐国管仲改革

　　管仲是春秋时期著名的政治家、军事家、思想家和经济学家。

　　管仲的一生，不仅建立了彪炳史册的功勋，还给后世留下了一部以他名字命名的巨著——《管子》。他主张法治，全国上下无论贵贱都要守法，赏罚功过都要依法办事；重视发展经济，认为国家的安定与否，人民的守法与否，与经济发展关系十分密切；主张尊重民意，以"顺民心为本"。

　　他在内政、军事、经济和外交方面的变法改革，不仅使齐国大治，也使齐桓公成为春秋时期的第一位霸主。由于他卓越的历史功绩，被称为"春秋第一相"。

■管仲画像

管仲少时贫困，曾和鲍叔牙合伙经商。在齐国的齐桓公与其兄弟公子纠争夺王位时，管仲曾经助公子纠争位，此举失败后，他经好友鲍叔牙推荐到了齐桓公这里。

当时的齐国已经出现严重的财政危机，国库空虚，同时齐国面临着复杂的外部形势，各邻国之间不断发生战乱，而对齐国也是虎视眈眈。在这种情况下，齐桓公经常同管仲商谈国家大事。

一次齐桓公召见管仲，首先把想了很久的问题摆了出来。"你认为国家可以安定下来吗？"

■ 齐桓公雕像

管仲通过这个阶段的接触，深知齐桓公的政治抱负，但又没有互相谈论过，于是管仲就直截了当地说："如果你决心称霸诸侯，国家就可以安定富强，你如果要安于现状，国家就不能安定富强。"

齐桓公听后又问："我还不敢说这样的大话等将来见机行事吧！"

管仲被齐桓公的诚恳所感动，于是他急忙向齐桓公表示："君王免臣死罪，这是我的万幸。臣能苟且偷生到今天，不为公子纠而死，就是为了富国家强社稷；如果不是这样，那臣就是贪生怕死，一心为升官发财了。"

齐桓公被管仲的肺腑之言所感动，便极力挽留，

公子纠（？—前685），春秋时齐国人。齐襄公执政时政令无常，公子纠恐遭杀害，携管仲、召忽奔鲁。襄公与公孙无知被杀后，齐国内乱，鲁派兵护送他返齐争位，结果时出奔在莒的公子桓公已先回齐即位，派兵在乾时击败鲁军，在齐国胁迫下，他为鲁君所杀。

齐桓公（前716—前643），姓姜名小白。春秋时齐国的国君。他在位时期，任用管仲改革，选贤任能，加强武备，发展生产，使国力强盛。曾经多次会盟诸侯，成为中原霸主。晚年昏庸，信用易牙、竖习等小人，最终在内乱中饿死。

并表示决心以霸业为己任，希望管仲为之出力。

后来，齐桓公又和管仲进行了多次探讨。由于管仲系统地论述了治国称霸之道，使齐桓公的全部问题都迎刃而解，不久就拜管仲为相，主持政事。齐桓公还用古代帝王对重臣的尊称"仲父"来称谓管仲。

于是，管仲站在历史的前沿，以一个改革者的魄力，对齐国的内政、军事、经济和外交实施了全面性的改革。

在政治方面，管仲通过行政区划，把国都划分为6个工商乡和15个士乡，共21个乡。15个士乡是齐国的主要兵源。齐桓公自己管理5个乡，上卿国子和高子各管5个乡。

管仲又把行政机构分为3个部门，制定三官制度。官吏有三宰。工业立三族，商业立三乡，川泽业

■ 管仲纪念馆

立三虞，山林业立三衡。

郊外30家为一邑，每邑设一司官。10邑为一卒，每卒设一卒师。10卒为一乡，每乡设一乡师。3乡为一县，每县设一县师。10县为一属，每属设大夫。全国共有5属，设5个大夫。

每年初，由五属大夫把属内情况向齐桓公汇报，督察其功过。于是全国形成统一的整体。

管仲整顿行政系统的目的是"定民之居"，使士、农、工、商各就其业，从而使部落的残余影响被彻底革除，行政区域的组织结构更加精细化，并且有效地维护了社会稳定。

■ 管仲铜像

在军事方面，管仲强调寓兵于农，规定国都中5家为一轨，每轨设一轨长。10轨为一里，每里设里有司。4里为一连，每连设一连长。10连为一乡，每乡设一乡良人，主管乡的军令。

战时组成军队，每户出一人，一轨5人，5人为一伍，由轨长带领。一里50人，50人为一小戎，由里有司带领。

一连200人，200人为一卒，由连长带领。一乡2000人，2000人为一旅，由乡良人带领。5乡1万人，立一元帅，1万人为一军，由5乡元帅率领。

齐桓公、国子、高子3人就是元帅。这样把保甲制和军队组织紧密结合在一起，每年春秋以狩猎来训

三宰 即三卿。三宰就是掌群臣的重要官员。宰，是殷商时开始设置的，原掌管家务与奴隶，后为侍从君王左右之臣。西周沿置，掌王家内外事务，又在王左右参与政务。春秋时各国均设置，多称为"太宰"，为朝廷大臣，总管内朝事务和财务。

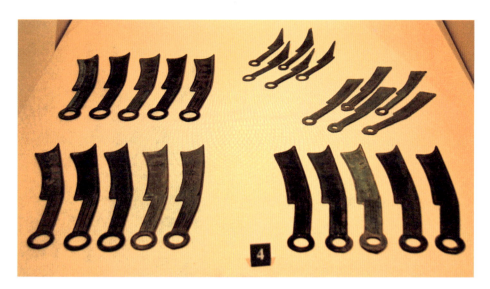

变法图强

历代变法与图强革新

■ 齐国刀币 又称齐刀，主要为齐国铸造，主要流通在齐国也就是今天的山东半岛地区。齐刀比较厚重，以厚大精美而著称，基本形制是尖首、弧背、凹刃，刀的末端有圆环，面、背有文字或饰纹。从齐威王至齐宣王时代，齐国以齐法化统一了各种刀币。

练军队，于是提高了军队的战斗力。

管仲又规定全国百姓不准随意迁徙。人们之间团结居住，做到夜间作战，只要听到声音就能辨别出是敌是我；白天作战，只要看见容貌，大家就能认识。

为了解决军队的武器，管仲规定犯罪可以用盔甲和武器来赎罪。犯重罪，可用甲与车戟赎罪。犯轻罪，可以用值与车戟赎罪。犯小罪，可以用铜铁赎罪。这样可补充军队的装备不足。

管仲的军事改革，不仅实行了军政合一，也达到了利用宗族关系来加强国家常备军事力量的目的。

在经济方面，管仲提出了"相地而衰"的土地税收政策，就是根据土地的好坏不同，来征收多少不等的赋税。这一政策，使赋税负担趋于合理，提高了人民的生产积极性。

管仲又提倡发展经济，积财通货，设"轻重九府"，观察年景丰歉，人民的需求，来收散粮食和物品。又规定国家铸造钱币，发展渔业、盐业，鼓励与境外的贸易，齐国经济开始繁荣起来。

改革初见成效，这时齐桓公认为，现在国富民强，有资格会盟诸侯。

但管仲谏阻道："当今诸侯，强于齐者甚众，南有荆楚，西有秦晋，然而他们自逞其雄，不知尊奉周王，所以不能称霸。周王室虽已衰微，但仍是天下共主。东迁以来，诸侯不去朝拜，不知君父。您要是以尊王攘夷相号召，海内诸侯必然望风归附。"

管仲说的"尊王攘夷"，就是尊重周朝王室，承认周天子的共同领袖地位；联合各诸侯国，共同抵御戎、狄等部族对中原的侵扰。攘夷于外，必须尊王，顺应了当时戎狄内侵、中原各国关注如何抵御的态势。尊王成为当时的一面正义旗帜。

在管仲"尊王攘夷"的建议下，齐国先是与邻国修好：归还鲁国以前侵占的棠、潜两邑，让鲁国作为

秦晋 指春秋战国时期的秦、晋两个诸侯国。秦国经商鞅变法后逐渐强盛，后来统一中国，公元前207年亡于秦末农民战争。晋国出自周成王弟唐叔虞，后来因韩虔、赵籍、魏斯三家分晋而亡。秦、晋两国曾经世通婚姻，后泛称两姓之联姻，也泛指双方和睦相处，永结秦晋之好。

■ 齐国古长城遗址

诸侯会盟 古代诸侯间会面和结盟的仪式。春秋时代，一些较小的诸侯国为了抵御大国侵略，联合作战，一些大国利用自己的实力和影响，胁迫其他小国加入自己的阵线，都曾会盟。其中以葵丘会盟、践土会盟、黄池会盟、徐州会盟最为著名，被合称为春秋四大会盟。

南边的屏障；归还卫国以前侵占的台、原、姑、漆里4个邑，让卫国成为西边的屏障；归还燕国以前侵占的柴夫、吠狗两邑，让燕国成为北部的屏障。

公元前681年，在甄召集宋、陈、蔡、邾四国诸侯会盟。通过会盟，齐桓公在诸国间获得了极高的威信，最终成为春秋时期第一位霸主。

此外，作为一个思想家，管仲推行礼、法并重，也就是推行道德教化，也可以称之为"德治"，形成了"霸业"和"礼治"相结合的思想体系。这就是他的礼、法统一理论。

管仲曾经说："仓库充实了，人才知道礼仪节操；衣食富足了，人才懂得荣誉和耻辱。君主如能

■ 齐国城郭复原场景

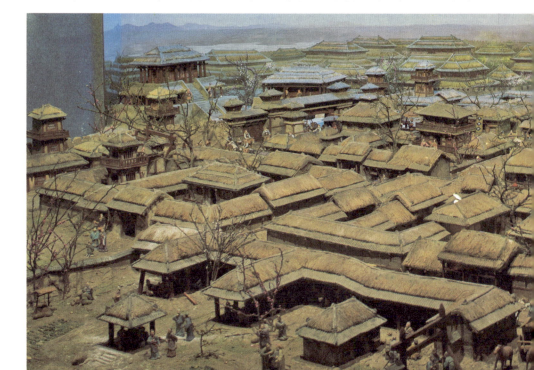

带头遵守法度，那么，父母兄弟妻子之间便会亲密无间。礼义廉耻得不到伸张，国家就要灭亡。国家颁布的政令像流水的源泉一样畅通无阻，是因为它能顺应民心。"

管仲的礼、法统一理论认为：在治国的过程中，礼义教化与厉行法制是相辅相成的。这一理论较之儒家的重礼教轻法制，较之秦晋法家的严刑峻法，较之道家的无为而治思想，无疑是一种更全面，更有价值的理论。

管仲改革实质是废除奴隶制，向封建制过渡。他的改革不仅是对我国夏、商、周1000余年政治发展史的总结，而且开启了一个全新的时代。

管仲的改革措施使齐国的实力迅速强大起来，齐国出现了人民富足、社会安定的繁荣局面。齐国衰微的国势迅速上升，为齐桓公的图

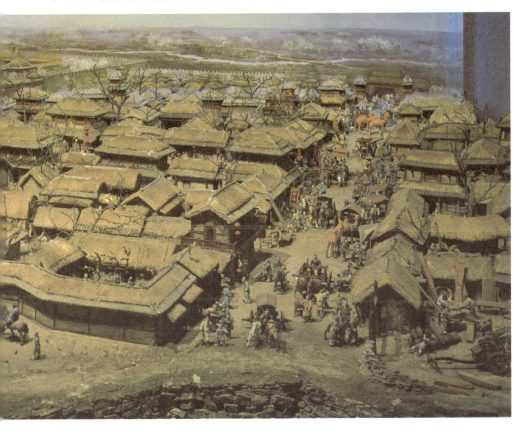

管仲画像

霸和齐国以后长期的大国地位奠定了基础。

管仲的改革措施为诸侯国开创了全新的政治改革模式，对一个国家的政治、经济、社会、军事、外交等方面进行了系统的制度化改良，从而为诸侯国如何成长为一个真正的"大国"建立了全面而系统的改革模式。因此，他的改革成为春秋战国时期一系列改革运动的肇始先声。

管仲的改革措施对后世有大量可以思考回味之处，比如重农而不抑商，再如藏富于民和寓兵于民的策略，的确是很高明，足以让后世统治者作为参考。

走进历史深处，当我们真正领略了管仲改革的风采，我们不得不在心灵深处为管仲在那个遥远的时代所做的一切感到震撼！

变法图强

历代变法与图强革新

阅读链接

管仲与鲍叔牙的感情非常深厚，鲍叔牙对他也有着深刻的了解。管仲当初贫困的时候，曾经和鲍叔牙一起经商，分财利时自己常常多拿一些，但鲍叔牙并不认为他贪财，知道他是由于生活贫困的缘故。

管仲曾经3次做官，3次都被君主免职，但鲍叔牙并不认为他没有才干，知道他是由于没有遇到好时机。管仲曾三次作战，3次都战败逃跑，但鲍叔牙并不认为他胆小，知道这是由于他还有老母的缘故。

管仲晚年曾数次向人说："生我的是父母，但了解我的却是鲍叔牙啊！"

郑国子产改革

　　子产名叫姬侨，春秋后期郑国人，与孔子同时，是孔子最尊敬的人之一。他是春秋时期著名的政治家和思想家。

　　他在执掌郑国国政期间，大力推行了一连串的政治、经济改革，项项与郑国的发展前途密切相关，如推行市场化改革，首创依法治国，广开言路，在各方面都取得了很大成就，使郑国在复杂艰难的情况下，保持了安定，经济得到了发展。

　　此外，他在外交上也取得了成功，多次顶住了晋、楚的强权外交，保卫了郑国利益和独立的尊严。

■ 子产画像

郑穆公（前648—前606），姓姬名兰，我国春秋时期郑国的一任国君。幼年时曾因国内叛乱先后在秦晋两国流亡，后来在晋文公重耳的帮助下回国即位。他为人反复无常，首鼠两端，为诸侯国所不齿。

执政 掌握国家大权，掌管国家政事。宋代称参知政事，门下侍郎，中书侍郎，尚书左右丞，枢密使，枢密副使，知枢密院事，同知枢密院事为执政官，金、元制略同。近代以来，执政通常作为一个国家的元首。

变法图强

历代变法与图强革新

■ 春秋战国时期画像砖

子产与孔子同时，是孔子最尊敬的人之一。当时的郑国地盘不大，处于周围大的诸侯国的夹缝之中，形势却异常复杂。

国内政局也颇为不妙，郑穆公的儿子个个都是郑国有话语权的人，而且相互之间为了利益打得昏天黑地。子产亲身经历或亲手处理过郑国的许多政治事件，表现出了他的远见卓识。

公元前565年，郑国的公子发率军攻蔡，获得大胜，郑人皆喜。子产却指出这将导致楚国来攻和晋国反击，而使夹在中间的郑国饱受战祸。

两年后，公子发在贵族内讧导致的政变中被杀，郑简公也被劫持到北宫。子产沉着机智，部署周密后始率家兵攻打北宫，遂在国人支援下平息变乱。

新任执政公子嘉制定盟书，强调维护个人特权，引起贵族大臣反对。公子嘉打算强制推行，子产力劝他焚毁盟书，平息众怒，以稳定政局。公元前554年，公子嘉终因专权被杀，子产得立为卿，任少正。

在同周围诸侯强国的一系列交涉中，子产据理力

争，不卑不亢，尽量维护郑国的权益。公元前548年，子产随子展率师伐陈，强调注意军纪，遵守传统礼制。

事后在向晋国献捷时，又有理有据地驳回了晋人的责难，迫使其承认郑国的战绩。为此郑简公给予子产重赏，他却只接受了与其地位相称的部分，国人称之为知礼者。

■ 春秋蟠螭纹罍

公元前547年，楚康王为慰抚许国率军伐郑，子产主张坚守不战，让楚军获取小利后满意而归，以换取较长期的和平。郑人照此办理，果然获得了较长时间的和平。

公元前543年，郑国大臣内讧，执政伯有被杀。子产严守中立，以其卓越的才能受到多数人的尊重，遂在显贵首领罕虎的支持下，出任执政。

楚康王（？—前545），芈姓，熊氏，本名熊招，楚共王之子。公元前559年至公元前545年在位。他在位期间，力挫东吴，改革内政，四伐郑国，巩固同盟，终与晋楚并霸当时。

经历了许多事情的子产明白，当前，如不经历一场彻底的制度革新，内忧外困的郑国万难应付危局。于是，他在执政的当年，就大力推行了一系列改革措施。

子产首先推行市场化改革，实施了著名的

■ 春秋时期青铜器

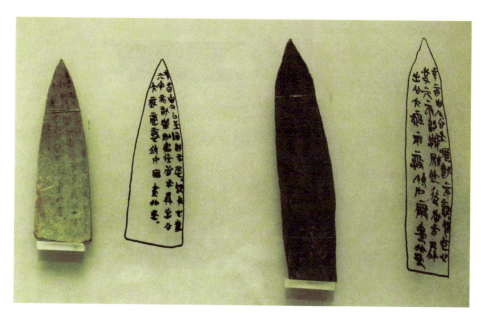

■ 春秋时期的石圭盟书

军赋 也称赋或兵赋。赋在最初产生时就与军事需要相关。征赋的主要目的是供应军费，故称此赋为"军赋"。赋是在土地与工商山林川泽之外的收入，其用途是供应军需。

井田制 我国奴隶社会实行的一种土地使用的管理制度。也即所谓"井田"是指将方里900亩土地，划为9块，每块100亩，8家共耕中间的100亩公田，每家都有100亩私田。

"做丘赋"，就是按丘收取军赋的制度，除了井田上的部分收获归国家所有外，私人土地也要征收军赋。

春秋时期，由于一些贵族占田过度，原来的公田共耕的井田制已衰落，私有土地随之出现，原来的赋税制度也就实行不下去了，一些诸侯国被迫在田制、赋税等方面陆续进行改革。

如齐国的"相地而衰征"、鲁国的"初税亩"、楚国的"量入修赋"等，其基本特点是不分公田、私田，一律按亩收税，因而在客观上带有承认私有土地合法性的含义。

子产实施的"做丘赋"稍晚于其他诸侯国的改革，但在精神上却是一致的。一方面，子产注意不过分冲击激怒旧贵族；另一方面，对新涌现出来的私田采取比较宽和的政策，把土地连同土地上的居民以"伍"的形式编制起来，允许其正常生产，对其征收赋税。

从法理上说，对某事征税，该事也就在客观上拥有了准合法地位。此外，"做丘赋"改革还有效扩大了军赋的课征量，增加了国家的财政实力，小小的郑国很快拥有了700乘以上的战车。

而从当时土地私有者对新法的态度来看，丘赋的征收量似乎并不很苛重，这应该是经济发展、税源丰裕的结果。

郑国素来以商立国闻名于世。子产下令，不许贵族依仗权势强买强卖商人的货物、随意干涉百姓的经商活动，从而给民营商业的发展开了绿灯。他还一反西周以来由官府监督商品价格的做法，坚持实行不许市场上的商人要谎价的政策。

此外，子产还认为，在市场流通中，商品价格的贵贱，不应由政府作预先的规定，而应随行就市，依市场供求关系和商品的价值由买卖双方自由拟定。

由于有政府做后盾，郑国的富贾巨商经常在各诸侯国间从事经商活动。《韩非子》里讲述的那些有趣的故事，如"郑人买履""买椟还珠"等，都发生在郑国的大街上。

子产这种尊重价值规律、主张商业自由的观点，就是在整个人类文明史上也极有进步价值。

除了推行市场化改革，子产走的是依法度治国的路。在春秋时

春秋时期龙佩

期，社会发展的新兴力量反对旧贵族垄断权力，主张公开有关法律，以维护经商自由、私人财产权利。

刑鼎

子产顺应潮流，于公元前536年将修订后的成文法公之于世，这就是著名的"铸刑鼎"事件。这是中国历史上第一次正式颁布成文法典，具有划时代的意义。

根据"周礼"，贵族在法律上享有特权："刑不上大夫，礼不下庶人。"刑律条文具有私密性，不能随意扩散。因为西周及其以前的社会没有成文法，也不需要成文法。统治阶级的意志就是法。

而子产铸刑鼎后，法与非法的界限清晰可见，国家定刑量罪有了公开的、统一的标准，法律便真正成为调整人们行为的社会规范。所

变法图强

历代变法与图强革新

春秋钱币

有这些都是与"周礼"相抵触的。由于普通百姓跟贵族享受了同等的权利，旧贵族的一项重要特权从此便被取消了。

子产之所以强调铸刑鼎的作用，是因为改革是一个整体，田制、税制、护商等一系列改革措施引发出诸多社会矛盾，需要新法提供保护，所以"铸刑鼎"绝非一般的刑法，还具有维护和巩固子产新政的价值。

■ 战车车轮

据《左传·昭公十六年》记载，当年郑国大旱，屠击等三大夫奉命祭祀桑山，却伐光山上所有的树木以祈雨。子产闻讯非常愤怒，认为祭山本为涵养林木，三大夫滥伐山林是有罪的，遂下令夺其采邑，把三个家伙的饭碗给端了。

子产还非常注重广开言路，他曾在不毁乡校这件事上，集中阐述了统治者接纳社会舆论监督的主张。

乡校是休闲聚会的公共场所，人们常在这里议论国事。

据《左传·襄公三十一年》记载：郑国大夫然明对子产说："把乡校毁了，怎么样？"

子产说："为什么毁掉？人们早晚干完活儿回来到这里聚一下，议论一下施政措施的好坏。他们喜欢

采邑 也叫"采地""封地""食邑"。古代封建社会君主赏赐给亲信、贵族、臣属的土地，包括土地上的农民。受赏赐的人须效忠君主，并承担进贡和在战时提供兵员的义务；对采邑中的百姓有管辖权，并课征租税。初为终身占有，后变为世袭。

春秋玉璜

的，我们就推行；他们讨厌的，我们就改正。这是我们的老师，为什么要毁掉它呢？我听说尽力做好事就可以减少怨恨，没听说过依权仗势能够防止怨恨。

"难道很快制止这些议论不容易吗？然而那样做就像堵塞河流一样：河水大决口所造成的损害，伤害的人必然就会增多，我们是挽救不了的；不如开个小口导流，我们听取这些议论后把它当作治病的良药。"

然明听后心服口服。他说："我从现在起才知道您确实可以成大事。小人确实没有才能。如果真的这样做，恐怕郑国真的就有了依靠，岂止是有利于我们这些臣子！"

一个国家能否实现善治，最重要的是政治清明，广开言路。子产以宽广的胸怀接纳社会舆论监督，不干涉民众对朝政的批评，这对统治者以社会舆论自检，显然有着积极的意义。

公元前522年，执政20多年的子产逝世，因他一贯廉洁奉公，家中没有积蓄为他办丧事，儿子和家人只得用筐子背土在新郑西南陉山顶上埋葬他的尸体。

消息传到郑国的臣民耳中，大家纷纷捐献珠宝玉器，帮助他的家人办理丧事。

子产的儿子不肯接受，老百姓只好把捐献的大量财物，抛到子产封邑的河水中，悼念这位值得敬仰的人。珠宝在碧绿的河水中放射出绚丽的色彩，泛起金色的波澜，从此这条河被称为"金水河"，这就是现在郑州市的金水河。

据《史记·郑世家》记载，孔子闻及子产死，为之而泣，并说"古之遗爱也！"意思是他表现出的伟大仁爱精神，是古代贤明博爱的遗风啊！

事实上，子产在改革开始曾经遭到了郑国人的反对，甚至有人说"孰杀子产，吾其与之"，意思是谁杀了子产，我将以倾家荡产来奉献他。

3年后，人们从改革的实效中体会到改革的好处，社会上，无论权贵还是百姓，大家对子产的看法也从怀疑、指责，转向了信任和称颂。

于是百姓编着歌唱道："我有子弟，子产诲之；我有田畴，子产殖之。子产而死，谁其嗣之？"可以看出子产深得民心。

人民之所以会在改革初期对改革者一片唾骂，甚至

■ 孔子（前551—前479），姓孔名丘，字仲尼。生于东周时期鲁国陬邑，即今山东省曲阜市南辛镇。春秋末期的思想家和教育家，儒家思想的创始人。孔子集华夏上古文化之大成，被后世尊为孔圣人、万世师表。孔子和儒家思想对我国和世界产生了深远影响。

是威胁改革者，这是因为人民并不了解改革的最终成败，对改革者作出的承诺缺乏信誉支持，当然也对改革者的改革能力有偏见和怀疑。

　　改革者有胆识和魄力还不够，要平和人民的情绪，那只有一种手法，就是关于改革的真理，一切改革的利益最终会属于人民。

阅读链接

　　子产心地仁厚，孔子称赞他："有仁爱之德古遗风，敬事长上，体恤百姓。"

　　每当有人赠送活鱼给子产，子产从来不忍心，以享口腹，而使活生生的鱼受鼎俎烹割痛苦，总是命人把鱼畜养在池塘里，眼见鱼儿优游水中，浮沉其间，子产心胸畅适，不禁感叹地说："得其所哉，得其所哉！"子产的仁德已普及扩大到物类。

　　由此可见，爱惜物命，放生善举，并不只佛教提倡，像子产一样的圣贤君子，自然也是遵守奉行的。

魏国李悝变法

　　李悝是战国时期魏国著名的政治家，曾以魏文侯相的身份主持魏国变法，从经济、政治、法律等方面进行了一系列发展封建制的改革。他的"重农"与"法治"结合的思想对后世影响极大。故一般认为他是法家的始祖。

　　李悝变法有效地打击了旧制度，使魏国经济得以迅速发展，国力日益强大，成为战国初期的一个强盛的国家。

　　变法同时开启了战国大变法运动的序幕，各国纷纷变法强国，最终汇成了一股时代潮流，这是我国古代规模最大、历时最长、成效最显著的一场变法运动。

■ 李悝画像

魏文侯（？—前396），姬姓，魏氏，名斯。我国战国时期魏国的建立者。在位时礼贤下士，师事儒门子弟子夏等人，任用李悝等人为相，乐羊、吴起为将。这些出身较低的士开始在政治、军事方面发挥其作用，标志着世族政治开始为官僚政治所代替。

李悝曾受业于子夏弟子曾申门下，做过中山相和上地守。上地郡为魏文侯设置，辖地为今陕西省洛河以东、黄梁河以北，东北到子长、延安一带。上地郡西与秦为邻，是魏国的边防要地，常与秦国发生军事冲突。

为了使上地郡军民提高射箭技术，李悝下令以射箭来决断诉讼案的曲直。令下后，人们都争相练习射技，日夜不停。后与秦国人作战，由于魏军射技精良，因而大败秦军。

射技高低与是非的曲直是不能等同的，但李悝用此法来鼓励人们提高军事技术，并取得很好的效果，不能不说是一个创造。

■ 魏国冶铁业

因李悝在上地郡的政绩不错，魏文侯任用他为相，支持他的改革。李悝在魏文侯时，任相10年，主持了政治、经济和刑法方面的变法改革。

李悝在政治上主张选贤任能，赏罚严明。李悝废止了世袭贵族特权，将无功而食禄者称为淫民。

李悝认为，有赏有罚，唯才是用，因此他主张"为国之道，食有劳而禄有功，使有能而赏必行、罚必当"；另外还要"夺淫民之禄，以来四方之士"。

这是战国时甚为流行的法家主张，当时不少国家都因贯彻这些主张走向富强。

这样改革的结果，使一批于国家无用而且有害的特权阶层的人物被赶出政治舞台，一些出身于一般地主阶层的人，可因战功或因其才能而跻身政界，从而大大削弱了魏国的"世卿世禄制"，官吏制度也有所改善，政治情况较好。

■ 战国时期的战车浮雕

世卿世禄制 卿是古代高级官吏的称呼。世卿就是天子或诸侯国君之下的贵族，世世代代、父死子继，连任卿这样的高官。禄是官吏所得的享受财物。世禄就是官吏们世世代代、父死子继，享有所封的土地及其赋税收入，世袭卿位和禄田的制度在古代曾十分盛行。

这是我国历史上第一次对腐朽落后的世袭制度的挑战。此举实际开创了地主阶级对奴隶主贵族的斗争，为以后封建制代替奴隶制开辟了道路。

在经济政策上，李悝主要实行"尽地力"和"平籴法"。李悝是重农主义的开山祖，他为魏文侯制定的这两项经济政策，使魏国逐渐富强起来。

在我国古代，农业是社会经济的主要生产部门，农民是农业生产的主体。虽然农业的基础性地位、农民的绝对数量比重在古代社会经济中无可撼动，但即便在一个和平安定的大环境中，农业生产的整体成效却在很大程度上取决于当时的技术水平、土地赋税制度及其重农政策措施的配套程度3个关键的因素。

正是基于这种认识，李悝才提出了"尽地力"和"平籴法"的主张。

所谓"尽地力"，就是统一分配农民耕地，督促农民勤于耕作，增加生产；所谓"平籴法"，就是国家在丰收时平价收购粮食储存，发生饥荒时又平价卖给农民，取有余以补不足，以防谷物甚贵而扰民，或甚贱而伤农。

"尽地力"是一种重农政策。李悝为魏文侯作《尽地力之教》，他计算说：100平方千米之内，有土地9万顷，除了山泽人居占三分之

变法图强

历代变法与图强革新

魏国时期农业画像砖

战国时期青铜剑

一之外，可开田地6万顷。这就是说，百里之地，每年的产量，由于勤与不勤，或增产180万石，或减产180万石。

因此，李悝作出3项鼓励生产的规定：

一是"必杂5种，以备灾害"。就是说，同时播种小米、黍子、麦、大豆和结实的麻，以防某种作物发生灾害。这是主张同时杂种各种粮食作物，怕种单一的粮食作物遇到灾害就难以补救。

二是"力耕数耘，收获如寇盗之至"。就是说，要促使农民努力耕作、勤于除草，收获时要加紧抢收。如同防止强盗来抢劫那样，以防备风雨对庄稼的损害。

三是"还庐树桑，菜茹有畦，瓜领果蓏，殖于疆埸"。这是说，住宅周围要栽树种桑，菜园里要多种蔬菜，田地之间的梗子上也要利用空隙多种瓜果，充分利用空阔的土地，扩大农副业的生产。

李悝画像

魏国人口密度较高，地少人多。李悝在《尽地力之教》中作出这样的规定，是适合当地农业生产发展的需要的，是根据当时农民生产的经验而制订的。目的在于提高农作物的产量，扩大田租收入，进而使得国家富强起来。

"平籴法"体现了李悝经济思想的另一面。

李悝认为，田地的收成和为此付出的劳动成正比，又认为粮贵则对士民工商不利，谷贱则伤农，善治国者必须兼顾士民工商和农民双方的利益。他指出5口之家的小农，每年除衣食、租税和祭祀等开支外，还亏空450钱，这就是农民生活贫困和不安心于田亩的原因。

李悝推行的重农抑商的"平籴法"，由国家控制粮食的购销和价格：政府在丰年以平价收购农民余粮，防止商人压价伤农；在灾年则

战国时期城池复原图

平价出售储备粮，防止商人抬价伤民，防止"谷贱伤农，谷贵伤民"。

"平籴法"的做法是：把好年成分为上中下3等，坏年成也分为上中下3等。丰收年按年成的丰收情况，国家收购多余的粮食。歉收年则按歉收的程度，国家拿出收购的粮食平价卖出。

上等歉收年卖上等丰收年收购的粮食，中等歉收年卖出中等丰收年收购的粮食，下等歉收年卖下等丰收年收购的粮食。这样可使饥岁的粮价不致猛涨，农民也不会因此而逃亡或流散。

"尽地力"和"平籴法"的实行，极大地促进了魏国农业生产的发展，使魏国因此而富强。此外，李悝的重农主义在商鞅手中达到了极致，他承继了李悝的办法而加以扩大，对秦国的崛起产生了重要影响。

李悝为了进一步实行变法，巩固变法成果，汇集各国刑典，著成《法经》一书，通过魏文侯予以公布，使之成为法律，以法律的形式肯定和保护变法，固定封建法权。

《法经》包括《盗法》《贼法》《囚法》《捕法》《杂律》和《具律》。

商鞅（？—前338），姬姓，公孙氏，又称卫鞅、公孙鞅，后因在河西之战中立功获封于商15邑，号为商君，故称之为商鞅。战国时代著名的政治家、改革家、思想家，法家代表人物。商鞅通过变法改革将秦国改造成富裕强大之国，史称商鞅变法。公元前338年获罪车裂而死。

■ 商鞅雕像

秦律 秦代法律的总称。公元前356年商鞅变法时曾采用李悝的《法经》，并改法为律，颁行秦国。《秦律》的律文涉及政治、经济、军事、文化等各个方面。秦律具有调整封建经济的作用，并且基本上是镇压农民的反抗，为巩固地主阶级专政的工具。秦律为以后的汉律所继承。

《盗法》是指侵犯财产的犯罪活动，大盗则戍为守卒，重者要处死。拾遗者要受刑，表明即使只有侵占他人财物的动机，也仍构成犯罪行为。

《贼法》是对有关杀人、伤人罪的处治条文，其中规定，杀一人者死，并籍没其家和妻家：杀两人者，还要籍没其母家。

《囚法》和《捕法》两篇是有关劾捕盗贼的律文。《囚》是关于审判、断狱的法律，《捕》是关于追捕罪犯的法律。

《杂律》内容包罗尤广，包括以下几类：一是淫禁。禁止夫有两妻或妻有外夫；二是狡禁。有关盗窃符玺及议论国家法令的罪行；三是城禁。禁止人民越城的规定；四是嬉禁。关于赌博的禁令；五是徒禁。禁止人民群聚的禁令；六是金禁。有关官吏贪污受贿的禁令。又如规定丞相受贿，其左右要伏诛，犀首以下受贿的要处死。

《具律》是《法经》的总则和序列。

《法经》的编订，是李悝在法律制度方面作出的重大贡献。《法经》出现后，魏国一直沿用，以后商鞅从魏入秦，帮助秦孝公实行变法，就是带着这部《法经》去的。后来秦

■ 魏国演奏画像砖

国的《秦律》和汉朝的《汉律》，都是在这部《法经》的基础上逐步扩大补充而成的。故《法经》在我国古代法律史上有非常重要的地位。

战国青铜器

李悝变法是我国古代规模最大、历时最长、成效最显著的一场变法运动，有效地打击了旧制度，使魏国经济得以迅速发展，国力日益强大，成为战国初期的一个强盛的国家。

李悝变法开启了战国大变法运动的序幕，在我国历史上产生了深远的影响。在当时便对其他各国震动很大，从而引发了我国历史上第一次轰轰烈烈的全国性变法，为奴隶制向封建制的过渡，铺平了道路。后来著名的吴起变法、商鞅变法等，无不受到李悝变法的影响。

阅读链接

魏文侯任用魏成子做宰相，翟璜很不服气，就对李悝抱怨，并说自己比魏成子强。

李悝说："难道是为了结党营私才谋求做大官吗？魏成子有千钟俸禄，但他不自私，把十分之九用在了外边，因此从东方聘来了卜子夏、田子方、段干木。这三个人，君主把他们奉为老师。而您所推荐的人，君主都任他们为臣，您怎么能跟魏成子相比呢？"

翟璜迟疑徘徊后拜了两拜说："我翟璜是浅薄的人，说话很不得当，我愿终身做您的弟子。"

楚国吴起变法

吴起是战国初期著名的政治改革家，卓越的军事改革家。在战国初期，楚国是内忧外困，中原政治家吴起从魏国到了楚国，楚悼王任命吴起为令尹。吴起上任后，就开始推行有关变法事宜。

吴起变法雷厉风行，立竿见影，取得了显著的成效，使楚国国力迅速强盛起来，并积极与三晋"争利于天下"。

与此同时，楚国进一步开拓了南疆，使楚国的势力范围扩大到洞庭湖以南、五岭一带，令中原诸国都刮目相看。

■ 吴起画像

■ 吴起（前440—前381），我国战国初期军事家、政治家、改革家，兵家代表人物。卫国左氏（今山东省定陶县，一说山东省曹县东北）人。一生历侍鲁、魏、楚三国，通晓兵家、法家、儒家三家思想，在内政、军事上都有极高的成就。仕鲁时曾击退齐国的入侵；仕魏时屡次破秦，尽得秦国河西之地，成就魏文侯的霸业；仕楚时主持改革，史称"吴起变法"，前381年，楚悼王去世，楚国贵族趁机发动兵变攻杀吴起。后世把他和孙武并称为"孙吴"，《吴子》与《孙子》又合称《孙吴兵法》，在我国古代军事典籍中占有重要地位。

吴起年轻时曾去鲁国求学，求官，一直得不到重用，后来听说魏文侯思贤若渴，就投奔到魏国。

魏文侯听说吴起善于用兵，就起用吴起为大将。吴起不负君望，率兵攻打秦国，一气连拔5座城池，夺取了河西之地。公元前406年，魏文侯任命吴起为西河守将，担负着防御秦国，保卫魏国西部边陲的重任。

岁月如河水奔泻，滚滚而去，吴起在西河驻守了20多年。在任期间，他总结了自己多年的军事实战经验，写成了《吴起兵法》，这部书在我国军事史上，和《孙子兵法》有同等重要地位。

吴起的军事思想具有朴素的唯物主义和辩证法的因素。他首倡父子兵，提出军队要患难与共，上下一心，这样才能一可击十，少可胜多。他的军队纪律严明，赏罚分明，是一支能征善战，所向无敌的军队。

《孙子兵法》
又称《孙武兵法》《吴孙子兵法》《孙子兵书》《孙武兵书》等，是世界上第一部军事著作，世界三大兵书之一，被誉为"兵学盛典"。《孙子兵法》是我国古典军事文化遗产中的璀璨瑰宝，是古代汉族军事思想精华的集中体现。作者为春秋吴国将军孙武。

七雄 战国时期7个强大的诸侯国。在当时，各诸侯国之间的战争接连不断，在北起长城，南达长江流域的范围内，先后出现齐、楚、燕、韩、赵、魏、秦7个大国。他们为了扩张自己的势力，一面变法图强，一面相互混战。史称"战国七雄"。

吴起与士兵同甘共苦，深受将士们爱戴和敬重。他爱兵如子的故事至今还为世人颂扬。

魏文侯在位50余年，他礼贤下士，任人唯贤，励精图治，改革图强。在他的治理下，魏国逐渐成为一个强盛、富裕的大国，成为"七雄"中数一数二的强国。

魏文侯死后，他的儿子魏武侯即位。魏武侯是个胸无大志，满足现状的平庸君主。

一天，他来到西河巡视，文武官员们随船相陪。龙船在湍急的河水中行驶，避过一个又一个急浪，冲过一块又一块险滩，转过一个峡谷，来到了西河最险阻的地方。只见滚滚的河水一泻而下，两岸峭壁直插云天，抬头仰视，青天只露出一条窄长的细缝。

魏武侯兴奋地击掌而起，大声赞叹道："真雄伟啊！有这样的高山大河作屏障，魏国还怕什么呢？这真是我国的一大宝啊！"

随船相陪的吴起听了这话，很不以为然，他列举了

楚国青铜戟

吴起画像

三苗、夏桀、商纣王被灭亡的教训，认为君主如果不推行德政，仅凭山河之险而为所欲为，恐怕身边的人都会变成敌人。魏武侯听后频频点头。

坐在船舷一边的相国公叔痤，阴沉着脸，用怨毒的眼光瞟了吴起一眼。公叔痤是魏国的贵族，又是魏武侯的女婿，凭着这种亲贵资格，他当上了相国。公叔痤嫉妒吴起的卓著战功，显赫声名，认为吴起的存在是对自己的严重威胁，便处心积虑想除掉吴起。

公叔痤三番五次地在魏武侯面前诋毁吴起，说他没有留魏之心，会去效奉强秦。久而久之，魏武侯果真不再信任吴起，吴起也觉察到了魏武侯的猜疑，心中很不安。这两人互相提防，越来越疏远。

不久，魏武侯免去了吴起的西河守将的职务。吴起唯恐哪天会降下杀身之祸，被迫悄悄逃到楚国去。

公叔痤（？—前361），战国时期魏国大臣。他排挤吴起，是出于保全相位的需要，并不是不知道吴起对魏国的重要性。荐举公孙鞅，直至病重才提出。若过早地推荐公孙鞅，可能会取代他的职位，而在临终时郑重托付，博得荐贤之名，对自身利益也没有什么影响了。

■ 楚国文化公园

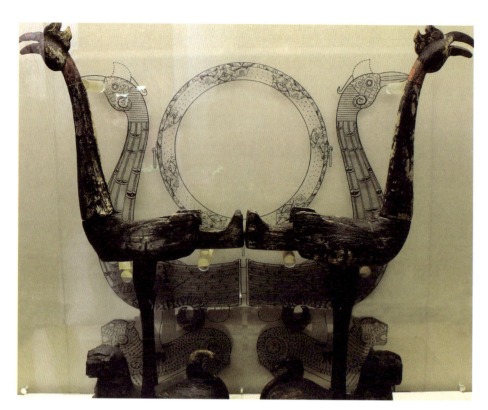

■ 虎座鸟架鼓 战国时期楚国的重要乐器种类。两只昂首卷尾、四肢屈伏、背向而踞的卧虎为底座，虎背上各立一只长腿昂首引吭高歌的鸣凤，背向而立的鸣凤中间，一面大鼓用红绳带悬于凤冠之上。通体髹黑漆为地，以红、黄、金、蓝等色绘出虎斑纹和凤的羽毛。在这一凤与虎的组合形象中，反映了楚人崇鸣凤、向往安详的意识和征服猛兽、不畏强暴的精神。

战国初期的楚国，虽说地广人稀，特产丰富，但由于大权掌握在奴隶主贵族手里，政治腐败，经济贫困落后，国家一天天衰弱。中原各国都瞧不起楚国，称楚国人为"荆蛮子"。

楚悼王即位前后，楚国先后两次受韩、赵、魏的进攻，都吃了败仗，丧失了很多土地，最后不得不用重礼请出秦王，请他出面调停。在内外交困的情况下，楚悼王很想变法图新，吴起这时前来投靠，楚悼王很高兴，他亲自率领满朝文武百官，恭恭敬敬地出国都郢城迎接吴起。

楚悼王在宫中大摆宴席替吴起洗尘。酒席间，楚悼王迫不及待问吴起："我们楚国建国已有三四百年历史了，论土地，有肥沃的江汉平原；论人口，有数百万之多，可为什么一直国贫兵弱呢？"

吴起沉吟了一下，一针见血地指出："分封太多，王公贵族的势力太大。他们为了自己利益，上逼大王，下虐平民，削弱了中央集权，压制了平民的生产积极性，军事上赏罚不明，选将不择能而用，这就是国不富民不强的主要原因。"

听了吴起中肯的分析，楚悼王感触颇深，他想起楚国在160多年前楚康王时，曾实行新政，楚国贫穷落后的面貌顿时有了改善，但因为王公贵族的拼命反对和破坏，使改革措施没能实行多久。

想到这里，楚悼王着急地说："寡人想仿效楚康王的办法，使楚国尽快富强起来，请你告诉我该怎么做？"

令尹 楚国在春秋战国时代的最高官衔，掌握政治事务，发号施令的最高官，其执掌一国之国柄，身处上位，以率下民，对内主持国事，对外主持战争，总揽军政大权于一身。主要由楚国贵族的贤能来担任，也有少数外姓之人如吴起来担任，但实不多见。

"推行新法，走改革的路子！"吴起坚定地回答。"现在楚国荒闲的土地很多，坐享其成，不劳而获的人太多，要解决楚国的弊病，最要紧的是明审法令，奖励耕战。"吴起继续说道。

楚悼王听了连声叫好，很快任命吴起为楚国的令尹，主持变法。公元前382年，在楚悼王的全力支持下，吴起颁布了新法，通告贴遍了楚国大小邑镇。

吴起变法的内容散见于典籍中，归纳如下：

一是均爵平禄。楚国爵禄是世袭的，即先辈如有功受爵禄，后代子孙虽无功，也可承袭享有爵禄；而后来一些在战争中立大功者却无爵禄，极大地伤害了将士的积极性。

吴起免除贵族三代以上无功人员的官职，收回封地，取消俸禄，把住在国都周围

■ 楚国人物雕刻

楚国建筑工匠雕塑

的旧有显贵迁到地广人稀的地区。

二是拓土殖民。春秋至战国时期，楚国用武力灭掉许多国家，得到了广大领土，但都未及开发。吴起责令楚国一些与王室关系疏远的贵族到僻远的地方去开发。这是一种新的拓土殖民形式。

三是裁撤冗员，整理财政。吴起废除楚国无用和无能的官职，剥夺王室贵族的威权，使他们不能徇私情，因私废公。吴起还主张节省费用，奖励耕战，加强国防，削减无用的开支，以奖励真正为国贡献的将士。同时建设国都，把城墙加高，增强首都的防卫能力。

吴起在变法中身体力行，亲自抓军队的训练和整顿。每天清晨，在国都郢城外的练兵场上，鼓声、号声、喊杀声融成一片。吴起指挥军队列阵布兵，攻夺战守，严格训练，很快将军队训练成为一支能征

楚国镂空凤纹铜镜

善战的劲旅。

楚国变法后，扩大了耕地面积，生产发展了，一年就获得了好收成。国家强盛了起来，重新恢复了对中原地区的攻势。

吴起的军事才能这时又充分地展示出来，他率兵在一年多的时间里南收百越，北并陈蔡，反击了魏、赵、韩的进攻，一直打到了黄河岸边，使楚国在军事上成为仅次于魏、秦的强国。

魏国与楚国交战吃亏，魏武侯这时才明白，自己没有重用吴起等于把手中的剑柄送给敌人，他后悔极了，但为时已晚。

吴起是一个无畏的改革家。他为楚悼王立法，削减威臣特权，罢无能，废无用，损不急之官，可谓大刀阔斧，雷厉风行。但他的变法却引起了楚国旧贵族的极大恐慌和仇恨，他们预感到末日的来临，拼命要作最后的挣扎。

当时楚国有个叫屈宜臼的大贵族当面辱骂吴起是"祸人"，他说："我听说过这样的话，善于治理国家的人，总是依照祖宗传下来的老规矩办事，如今你违背祖宗成法，废除世袭制度，取消亲贵们的各种特权，这是大逆不道的，如果不赶快改弦更张，祸到临头，悔之晚矣！"

吴起毫不客气地反驳道："真是一派胡言，日月运行，朝代更替，任何事物都在不断变化，仍用古代的陈规陋习贻误国家，这才是大逆不道。我奉大王之命，变法改革图强，为的是富国强兵。上合天

变法图强

历代变法与图强革新

意，下得民心，你想停止变法，那是痴心妄想，不信，你站出来试试，还是考虑自己的下场吧！"

吴起义正言辞的一通话，驳斥得屈宜臼狼狈不堪，只好灰溜溜地走了。旧贵族们不甘心他们的失败，就在暗中造谣破坏。吴起把这些情况报告了楚悼王。楚悼王十分恼怒，指令吴起在新法中加上一条，不许对新法妄加评论，凡妖言惑众反对变法者一律从严处治。

在楚悼王的支持下，吴起对变法内容又进行了充实，使之更加完善。同时，那些反对新法的旧贵族们，再不敢公开出来进行对抗了。

公元前381年，正当吴起大力推行新法，楚国逐步走向强盛的时候，全力支持变法的楚悼王突然去世了。对楚悼王突然去世毫无思想准备的吴起手足无措，但他不忘令尹的职责，强忍悲痛，料理国丧。

旧贵族们乘此机会死灰复燃，他们秘密串联、谋划，迅速组织起一支叛军包围了王宫。守护王宫的卫队人很少，很快就顶不住了。大门很快被攻破了，旧贵族们一拥而上，朝着吴起乱箭齐射。

身中数箭的吴起眼看就不行了，他不甘心自己这样无代价地死去，心生一计，踉踉跄跄地跑到停放着楚王尸体的大殿里，一下伏在

楚国老子道德经竹简

楚国羽人漆器

楚悼王的尸体上。

按照楚国法律规定：有谁伤了王尸，要灭杀三族。丧心病狂的旧贵族们全然不顾了，他们号叫着，朝着吴起射出一阵箭雨。一代英才，战国时期著名的政治家、军事家吴起被活活射死在楚悼王的尸体上。

后来，楚悼王之子楚肃王继位后，按律法把射杀吴起同时射中楚悼王尸体的人全部处死了。

吴起变法虽然失败，但这些变法措施，一方面减轻了人民的负担，发展了生产；另一方面打击了旧贵族的势力，加强了国家统治的力量。

更重要的是，吴起变法在楚国贵族政治中激起了巨大的波澜，他所采取的各项措施在楚国的政治生活留下了深刻的影响，促进了楚国贵族政治向官僚政治的转化。

阅读链接

据《史记》记载：吴起身为大将，与士卒同食。有个士卒身上长了脓疮，吴起为之吸吮。士卒的母亲闻知后掩面而泣。

有人问她为何哭泣，士卒的母亲说："以前吴起也曾为孩子的父亲吸疮脓，孩子的父亲深受感动，在战场上拼命厮杀，结果不久就战死了。如今大将军又为儿子吸脓，看来这孩子也要在战场上拼命了。"

一位将帅去吮吸一个士兵的疮口，让人看了似乎有些不理解，然而受此恩惠的士兵却会因此效命疆场。这就是人心为本的道理。

韩国申不害变法

　　申不害是我国战国中期法家著名的代表人物，以"术"著称。他在韩国变法10多年，内修政教，外应诸侯，帮助韩昭侯推行"法"治、"术"治，使韩国君主专制得到加强，国内政局得到稳定，贵族特权受到限制，百姓生活渐趋富裕，兵力强盛，没有人敢侵略韩国，确实是收到了富国强兵的特别效果。

　　韩国虽然处于强国的包围之中，却能相安无事，成为与齐、楚、燕、赵、魏、秦并列的战国七雄之一。

　　在韩国历史上，申不害是一个值得重视的政治改革家。

■ 申不害画像

韩昭侯（？—前333），名韩武，别称韩厘侯、韩昭厘王。战国时期韩国国君。战国七雄之中，以韩国最为弱小。韩昭侯在位期间任申不害主持国政，内修政务，外御强敌，国势安定。使韩国政治清明，国力强大，诸侯不敢侵韩。

■ 战国时期军队作战模型

申不害原是郑国京邑人，曾为郑国小吏。公元前375年，郑国被韩国灭亡，申不害成为了韩国人，并做了韩国的低级官员。

公元前354年，素与韩有隙的魏国出兵伐韩。面对重兵压境的严重局面，韩昭侯及众大臣束手无策。危急关头，申不害审时度势，建议韩昭侯执圭去见魏惠王。

申不害对韩昭侯说："我们现在要解国家危难，最好的办法是示弱。今魏国强大，鲁国、宋国、卫国皆去朝见，您执圭去朝见魏王，魏王一定会心满意足，自大骄狂。这样必会引起其他诸侯的不满而同情韩国。"

韩昭侯采纳了申不害的建议，亲自执圭去朝见魏惠王，表示敬畏之意。魏惠王果然十分高兴，立即下令撤兵，并与韩国约为友邦。

战国形势图
（公元前350年）

战国局势地图

申不害由此令韩昭侯刮目相看，逐步成为韩昭侯的重要谋臣，得以在处理国家事务上施展自己的智慧和才干。

公元前353年，魏国又起兵伐赵，包围了赵国都城邯郸。赵成侯派人向齐国和韩国求援。韩昭侯一时拿不定主意，就询问申不害，应如何应对。

申不害担心自己的意见万一不合国君心意，不仅于事无补还可能惹火烧身，便回答说："这是国家大事，让我考虑成熟再答复您吧！"

随后，申不害不露声色地游说韩国能言善辩的名臣赵卓和韩晃，鼓动他们分别向韩昭侯进言，陈述是否出兵救赵的意见，自己则暗中观察韩昭侯的态度。

申不害终于摸透了韩昭侯的心思，于是进谏说应当联合齐国，伐魏救赵。韩昭侯果然大悦，即听从申

赵成侯（？—前350），原名赵种，赵敬侯之子。战国时期赵国的君主。公元前353年，魏国派大将庞涓带兵攻打赵国，围赵国都城邯郸。齐使田忌、孙膑救赵，败魏于桂陵。公元前351年，魏惠王与赵成侯在邯郸城南的漳水会盟，赵成侯被迫接受屈辱条约。

战国捧茶侍女木俑

不害意见，与齐国一起发兵讨魏，最后迫使魏军回师自救，从而解了赵国之围。这就是历史上著名的"围魏救赵"的故事。

韩昭侯从申不害处理外交事务的卓越表现及其独到的见解，发现这位郑国遗民原来是难得的治国人才，便想委以重任。

韩国自从灭亡郑国后虽然版图扩大了不少，但与其他大国相比，无论从国土面积，还是从国力上讲，都不能算是强国。此时，各国的变法运动风起云涌，不变法就有落后和被别人吃掉的危险。

在当时已经进行的变法中，魏国的李悝变法是比较成功的一个榜样。李悝是法家人物，韩昭侯也想用一个法家人物主持变法。于是，韩昭侯选中了申不害。因为申不害不仅具有临危处事的能力，他还是法家重要的代表人物。

申不害少年时就崇尚黄老学派，认同老子"人法地、地法天、天法道、道法自然"，以及一切事物都有正反两个方面，并且可以互相转化等观点。申不害是法家中主张"术治"的一派的代表人物，他主张国君要以术驾驭群臣，操生杀之权，监考群臣之能。

申不害的"国君要以术驾驭群臣"，是讲国君如何控制大臣、百官，是君主驾驭臣下的手腕、手法，

黄老学派 黄老学派产生于战国中期，是齐国稷下学宫的一个学派。黄老学派的代表作是《老子》，其学说的主要核心是"无为而治"、与民休息。西汉王朝总结秦朝骤亡的教训，主张黄老学派的学说作为治国的指导思想，将它运用到政治和法制实践中，并取得显著的成效。

也就是权术。其核心包括两个方面：一是任免、监督、考核臣下之术，史称"阳术"；二是驾驭臣下、防范百官之术，人称"阴术"。

战国红玛瑙摆件

为了能够有效驾驭群臣，申不害强调国君要"操生杀之权"，要求君主在国家政权中的独裁地位，要求臣下绝对服从君主，即"尊君卑臣"。君主要独断，要把生杀大权牢牢掌握在自己手中，绝不能大权旁落。具体工作可以交给臣下，国君不必事必躬亲。

此外，国君还要"监考群臣之能"，即对群臣进行监督、考查、防范。国君任命了臣下，理所当然地要求臣下忠于职守、严格遵守法令，并要防止臣下篡权夺位。

因此臣下是否真正胜任所担负的职责？工作业绩如何？其属下臣民有何反映？有没有违法乱纪、以权谋私的现象？有没有人要搞阴谋诡计？所有这些，国君都必须进行考查。这是保证行政工作效率和国

■ 战国玉龙形佩 为当时最高级的贵族始能拥有的象征身份的玉佩。品相端庄，雕工精致，局部灰黑斑；器表多薄沁一层灰白斑。两面花纹相同。卷鼻与长鬣分别向前后伸展，下颌作圆弧形，龙口上下颚以分，腮边刻饰雕有斜格纹的盾形图案；似蛇的体躯，又附加各式卷勾；龙体上满雕谷纹，谷粒多排列成行，卷勾上常雕有毛束纹。为典型的战国风格。

相国 我国古代的官名。春秋时期齐景公设左、右相，相成为齐国卿大夫的世袭官职。从魏国魏文侯以李悝为相以后，列国纷纷开始设置"相"这个文官总长，以及"将"这个武官总长，文武开始分立。官分文武，以致分散了大臣的权力，强化了君权。

治民安的重要手段。

以上主要是"阳术"。但只有"阳术"还不够，还必须有"阴术"。因为做国君是天下之大利，人人都想取而代之。君主要集权，某些权臣、重臣也会想揽权、篡权。

因此，在新兴地主阶级夺取政权之后，防止某些权臣专权、揽权，甚至进行篡权活动就成为当时的一个重要社会问题。这就要求国君善于控制臣下，及时发现臣下的毛病和阴谋。为此，君主就需要设一些耳目，及时了解、掌握臣下的情况。

正因为申不害有一套在当时来看很成熟的法制理论，所以，韩昭侯于公元前355年任用申不害为相国，在韩国实行变法。于是，申不害在韩国实行以"术"为主的法制改革。

申不害变法改革的第一步就是整顿吏治，加强君主集权统治。在韩昭侯的支持下，首先向凭借封地自重的侠氏、公厘和段氏三大强族开刀，果断收回其特权，摧毁其城堡，清理其府库财富充盈国库。这不但稳固了韩国的政治局面，而且使韩国实力大增。

与此同时，大行"术"治，整顿官吏队伍，对官吏加强考核和监督。这有效提高了国家政权的行政效率，

■ 战国三鸟簋

使韩国显现出一派生机勃勃的局面。

■ 战国牛虎铜案

申不害在大行"术"治的过程中，一直反对立法行私。他认为，君主只有用法才能使群臣的行为统一起来，只有用法的标准来衡量群臣的行为，才能使行政工作正常运转。

有一天，韩昭侯对申不害感叹地说："国家有了法制，要执行起来，可真不容易！"

申不害联系韩国当时所出现的情况，分析道："这为什么会难呢？要想不难，就要让执法的人赏罚分明，不讲私情，只有真正有功的人才能受赏封官。然而君王您却不这样，经常私下里接受那些亲戚宠臣的请求，徇私情，不按法律行事，这样执行起来当然就难了。"

韩昭侯听了，连连点头，承认了自己的过错，说："你说得对！从今以后，我懂得怎样去执行法律了。"

申不害又向韩昭侯建议整肃军兵，并主动请命，自任韩国上将军，将贵族私家亲兵收编为国家军队，

上将军 我国古代武将的官名。战国已有，秦因之。汉末以后，将军名号繁多，逐渐废弃。三国魏晋时只作为尊称。唐宋时期上将军官位复原。自唐以后，上将军、大将军、将军，或为环卫官，或为武散官。宋、元、明三朝，多以将军为武散官；殿廷武士也称将军。

与原有国兵混编，进行严格的军事训练，使韩国的战斗力大为提高。

特别值得一提的是，申不害为富国强兵，还十分重视土地问题，极力主张百姓多开荒地，多种粮食。同时，他还重视和鼓励发展手工业，特别是兵器制造。所以战国时代，韩国冶铸业比较发达。

战国乐器

申不害在韩国做相国10多年，内修政教，外应诸侯，帮助韩昭侯推行"法"治、"术"治，使韩国君主专制得到加强，国内政局得到稳定，贵族特权受到限制，百姓生活渐趋富裕。韩国虽然处于强国的包围之中，却能相安无事，成为与齐、楚、燕、赵、魏、秦并列的"战国七雄"之一。

申不害以"术"治国，对韩国政权的巩固起到了良好的作用，在我国历史上有着深远的影响，后世帝王在其统治政策中，也或多或少地用申不害的"术"去治御臣下，从而加强帝王的权力。

不过申不害以"术"治国的思想不够纯正，以至于为一些人搞阴

■ 司马迁（前145或前135—约前87），字子长，生于西汉时夏阳，即今陕西省韩城西南靠近龙门。西汉史学家和文学家。所著《史记》是我国第一部纪传体通史，同时在文学上取得了辉煌的艺术成就。因此，鲁迅称之为"史家之绝唱，无韵之离骚。"

谋诡计开了先河，使相当一部分大臣变得老奸巨猾起来。不纯正的思想必然不能长久，韩昭侯之后，韩国迅速衰落。

申不害研究术，有正面的领导控制方法，也有阴谋诡计，我们现在不能说他是否道德，但可以说，他的思想和研究是可以启迪后人的。

司马迁在《史记》中对申不害的变法成绩作出了肯定，说申不害在韩国变法的10多年里，国家太平、富强，兵力也非常强大，使得别的国家对韩国不敢有吞并之心。因此，申不害是历史上一个不容忽略的改革家，尤其是他提出的官员考核制度，给后代的君主选拔官员提供了很好的借鉴。

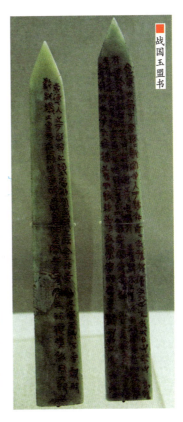

■ 战国玉盟书

阅读链接

申不害曾经私下请求韩昭侯给自己的堂兄封一个官职，韩昭侯不同意，申不害面露怨色。

韩昭侯说："你常教寡人要按功劳大小授以官职等级，如今又请求为没有建立功业的兄长封官，我是答应你的请求而抛弃你的学说呢，还是推行你的主张而拒绝你的请求呢？"

申不害慌忙请罪，对韩昭侯说："君王真是贤明君主，请您惩罚我吧！"

其实，这是申不害对韩昭侯的一次试探，他看到韩昭侯真是一位贤明君主，从而坚定了助其变法革新的决心。

赵武灵王改革

赵武灵王是我国战国中后期赵国的一位奋发有为的君主。

他从赵国的实际出发，通过以"胡服骑射"为代表的一系列改革措施，使赵国在人力、物力上得以优化配置；同时，推进了中原华夏民族与北方游牧民族相互融合的历史进程。

赵武灵王"胡服骑射"是我国古代军事史上的一次大变革，被历代史学家传为佳话。特别是赵武灵王以敢为天下先的进取精神，力排众议，冲破守旧势力的阻挠，坚决向夷狄学习，表现了作为古代社会改革家的魄力和胆识。赵武灵王不愧是一位值得后人纪念和效法的杰出历史人物。

■ 赵武灵王雕像

赵武灵王即位的时候，赵国正处在国势衰落时期，就连中山那样的邻界小国也经常来侵扰。而在和一些大国的战争中，赵国常吃败仗，城邑被占。

赵国眼看着被别国兼并，为了富国强兵，赵武灵王提出"着胡服""习骑射"的主张，决心取北方胡人之长补中原之短。

"胡服骑射"的直接起因是赵国和中山国的宿怨。当时赵国，东有齐王国和中山王国，北有燕王国和东胡部落，西有楼烦部落和秦王国及韩王国边界。

赵国的边防部队，仍使用传统武器，缺乏现代化装备，一旦敌人发动突然攻击，很难防御。中山王国就曾经仗恃齐王国撑腰，侵略赵国的土地，奴役赵国的人民。

■ 胡服骑射像

胡人 我国古代所指的"胡人"一词不含贬义，或蔑视的意思，是对我国北方游牧民族以及西域诸民族的统称。其中包括匈奴、鲜卑、氐、羌、吐蕃、突厥、柔然和女真等部族。

■ 武灵丛台

楼烦 是北狄的一支，另一说认为古楼烦国是周天子所封诸侯。至战国时期，列国间战争频仍，兼并之势愈演愈烈，楼烦国以其兵将强悍，善于骑射，始终立于不败之地，并对相邻的赵国构成极大威胁。于是，赵武灵王萌生了向楼烦等部落学习，推行"胡服骑射"的构想。

赵武灵王之所以改变服装，更新战备，就是为了准备应变，报中山王国之仇。

其实，赵武灵王实行"胡服骑射"除了为适应同周边国家的军事竞争外，还有更深层的原因。

赵国是一个游牧文明重于农耕文明的国家。是华夏系统中与北方戎狄各族交流最全面、最深刻的国家，权贵家族与戎狄的通婚程度很高。赵国的文化如同他们国君的血统里有大量的戎狄之血一样，是中原农耕文明与北方游牧民族的混合体。

赵武灵王即位后，重用出身于楼烦的楼缓和出身于匈奴的仇液，再加上父亲的托孤重臣肥义，赵国的戎狄外族之臣，就成了赵武灵王最重要的一批助手。

赵国曾经采用了异地就任制，即让戎狄大臣到中

变法图强

历代变法与图强革新

■ 武灵丛台远景

原的邯郸任职，让华夏族大臣到北方的代郡任职，以期达到加强两种文化的交流的目的，但这种办法功效不大，代郡与邯郸在过去的100多年里成了赵国政变的两个牢固据点。

而且，代郡的势力不断渗入游牧文明的另一个重镇太原郡，邯郸则控制了地近中原的上党郡，赵国的南北分裂局势在扩大。

邯郸与代郡实际上是赵国执行南北不同攻略的两个国都。赵国的两种文化、两大政治势力处于不断的争斗状态，而且越离越远，这需要赵武灵王铁腕整合，明确各自的地位，将其整合为一个依赖重于排斥的整体。

此外，赵国与林胡、楼烦、东胡、义渠、空同、中山等游牧民族国家接壤，国民中有大量的胡人和胡人后裔，胡人文化在赵国也是根深蒂固的。

正是由于赵国的游牧文明占上风，所以，赵武灵王适应客观情

况，大力提倡胡化是符合实际的。"胡服骑射"最重要的目的是解决以代郡和邯郸为代表的两种文化、两种政治势力造成的南北分裂局面。

赵武灵王的胡服骑射雕像

为了提高国民对在全国实行"胡服骑射"政策的信心，赵武灵王用他有限的骑兵在对中山的战争中取得了一系列的胜利，在声势上为"胡服骑射"的好处做了现实、有力的宣传。

赵武灵王率领骑兵向北进攻中山国，并大败中山国主力部队，从南至北横穿中山国，到达赵国的代郡，如入无人之境，大大地鼓舞了赵国国民的信心。

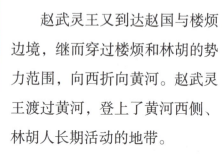

赵武灵王雕像

赵武灵王又到达赵国与楼烦边境，继而穿过楼烦和林胡的势力范围，向西折向黄河。赵武灵王渡过黄河，登上了黄河西侧、林胡人长期活动的地带。

在此行中，赵武灵王与游牧民族的骑兵发生多次战斗，无一败绩。

在先声夺人后，赵武灵王开始找两边的代表人物征求意见。一方是有戎狄背景的肥义、楼缓和仇液等人当然同意，而且从赵国的国情、地形和人文等现实情况出发，有力地论述了施行"胡服骑射"对国家结束分裂、增强国家的竞争力和促成国家深刻统一的好处。

另一方是以赵武灵王的叔叔公子成为代表的赵国宗室贵族，他们不愿丢掉手中的权力，认为"胡服骑射"必将引起全国范围内的各项国家政策随之改变，他们以变动太大容易造成国内局势的不稳定为由，阻止赵武灵王的"胡服骑射"。

为了说服那些保守势力的代表，赵武灵王循循善诱、晓之以理，并耐心地说服宗室贵族集团的首领公子成，向他表明自己改革的决心和对以"胡服骑射"为标志的全面改革的整体构想。公子成最终被说服了。

由于公子成对"胡服骑射"的接受，赵国的宗室贵族如赵文、赵造、赵俊等人也就都跟着同意了。于是，赵武灵王正式颁布法令，赵国全境实行"胡服骑射"。

赵武灵王以能任官，明确了游牧文化的主导地位，结果大批出身低贱和有戎狄背景的人得到重用。赵武灵王主动打破华夏贵、戎狄卑传统观念的勇气，在中原各国中是十分罕见的。

公子成 嬴姓，赵氏，名成。战国中后期赵国公族，赵成侯之子，赵肃侯之弟，号称"公子成"。"沙丘之变"后，公子成为相，号安平君，李兑为司寇。不久赵成寿终正寝，李兑独擅赵国。

■ 丛台内的碑刻

战国羚羊形器皿

赵武灵王把自己训练的精锐骑兵作为军官教导团，开始培训骑兵军官。原来的步兵和步兵将领要想转为骑兵，必须经过严格的培训和考试。

同时，赵武灵王还招募大量的胡人，充实到骑兵队伍中。由于赵武灵王控制了骑兵的军官，这支新组建的骑兵军不同于以往的骑兵雇佣军，被赵武灵王牢牢地控制着指挥权。

赵武灵王借组建骑兵、选拔骑兵的机会，对赵国的步兵系统也进行了一次从上至下的大整顿，亲自选拔步兵将领。赵武灵王选拔军事将领严格遵循能力原则。

这样，国民中许多有能力的人都得到了任用，而大批的赵国宗室贵族遭到了裁撤。赵武灵王通过对军队系统的调整、改建，更稳固地控制了赵国的军权。

赵武灵王组建的骑兵是一个技术性比较强的兵种，对将领和战士的选拔与训练都很严格。"胡服骑射"改革后，赵国的军事将领主要是从骑兵中产生，至少要有在骑兵部队服役过的经历。

由于骑兵的特高待遇和非常好的军官前途，赵国的百姓都希望自己的家里能够出一个骑兵，最好是一个骑兵将领。于是，赵人养马蔚然成风。

赵武灵王组建的骑兵其装备比步兵要复杂得多。一个骑兵必须有两匹马，用特制的骑兵弓，配备不同用途的箭，要有长刀和短刀，夜里御寒的皮蓬和可供长途奔袭的口粮和水。

骑兵的服务人员也很多，有负责养马的，负责收集牧草的，给马看病的，直接为骑兵服务的奴婢。骑兵的武器装备不同于步兵，主要由胡人工匠负责生产。

骑兵的流动性也很强，兵籍管理和给养保障比步兵要复杂得多，必须新建立一个政府服务部门专门为之服务。赵国国内的马匹也都建立了马籍，以便于国家对全国骑战潜能的掌握和调用。

此外，由于骑兵用具中有大量的皮革制品，对牛羊的需求很大。所以，与游牧生活相关的生产得到了很大的发展。赵武灵王命人对全国的户籍和牛、马等大型牲口进行了普查，建立了可靠的管理体系。

骑兵本身就是一种胡人文化，赵武灵王在全国推广"胡服骑射"后，本来在赵国就占有主要地位的胡人文化由于正式得到了国家的肯定和扶持，胡人的生产方式和生活方式的地位得到了很大的提高。胡人歌舞、胡人医药、胡人服饰、胡人语言，都在赵国得到了更大范围

战国时期战争场面

胡语 泛称西北和北方各族的语言。我国历代称之为胡语者，其义依时代而异。比如：秦汉称匈奴为胡，故以匈奴语为胡语；东汉以后，广指外夷为胡，包括高昌、焉耆、龟兹、于阗、月氏、大夏、印度等，而泛称彼等所用之语为胡语。此后各代都有不同。

058

■ 战国时期战争复原图

的普及。

赵武灵王大力推广军功贵族制度，并借助对全国人口普查与统计，将宗室贵族和地主隐瞒的人口都查了出来，扩大了国家掌握的税源和劳动力资源。赵国原有的宗室贵族体系遭到沉重打击。赵武灵王推广的军功制度成为赵国军民求富贵的主要途径。

经过赵武灵王重新装备的赵国士兵，他们的形象与中原各国的士兵形象差别较大，而与楼烦、林胡这些胡人倒很相似。赵武灵王本人也能操胡语，惯住帐篷，喜欢水草生活。

赵武灵王"胡服骑射"对赵国造成了很大的影响，使之更趋近于游牧经济。对游牧经济、骑兵生活熟悉的大量胡人精英通过选拔，进入赵国的军政领导层，改变了赵国的权力结构。胡人文化升扬，稳固了

其在赵国的主导地位。

赵武灵王的"胡服骑射"也对赵国的国民性格进行了重新塑造，在赵武灵王的宣扬下，胡人吃苦耐劳、重义尚武的精神，对赵国国民的心理产生了巨大的影响。

同时，这一改革减弱了华夏民族鄙视胡人的心理，增强了胡人对华夏民族的归依心理，缩短

胡服骑射武士像

了两者之间的心理距离，奠定了中原华夏民族与北方游牧民族融合的基础，进而推进了民族融合。

在赵武灵王推行"胡服骑射"之后，胡服成为我国军队中最早的正规军装，以后逐渐演变改进为后来的盔甲装备，使"习胡服，求便利"成了我国服饰变化的总体倾向。

阅读链接

赵武灵王为了打败秦国，决定亲自到秦国去考察地形，再观察一下秦昭襄王的为人。他打扮成赵国的一名使臣，带着几个手下人，到秦国咸阳去拜见秦昭襄王。

秦昭襄王觉得这个使臣既大方，又威严，不像个普通人，心里有点犯疑。过了几天，秦昭襄王又派人去请他，发现赵国使臣已不告而别。

秦昭襄王后来知道他接见的使臣就是有名的赵武灵王，不禁大吃一惊，立刻叫大将白起带精兵连夜追赶。追兵到函谷关，赵武灵王已经出关3天了。

秦国商鞅变法

商鞅是战国时代政治家、改革家和思想家、法家代表人物。

商鞅通过变法，使秦国经济发展，出现了"家给人足"的繁荣景象，全国百姓以私下斗殴为耻，以为国家立下战功为荣，国家战斗力不断增强。富国强兵的秦国，成为战国后期最强大的国家。

商鞅变法是战国时期最彻底的一次变法。它不仅推进了秦国社会的发展，而且推动宗法分封制向中央集权制转型，为秦始皇建立大一统帝国奠定了基础，对后世产生了深远的影响。

变法成果被秦国继承和发扬，更使得秦国封建法制得以迅速发展与完善。

■ 商鞅浮雕

■ 战国马车

战国初年，随着新兴地主阶级的经济实力的增长，要求获得相应的政治权利。因此纷纷要求在政治上进行改革，发展封建经济，建立地主阶级统治。

而此时的周王室其统治已经名存实亡，主宰天下的是齐、楚、燕、韩、赵、魏、秦七国。这七国不断地进行兼并战争，都想统一天下。

如何加强实力呢？出路只有一条，就是改革。当时各国纷纷进行改革，秦国也是其中之一。

秦国地处西陲，因经济、文化落后、百姓蒙昧、国力衰微，常遭魏国等中原大国的歧视和欺负。这种形势逼得秦国不得不进行改革。秦国商鞅变法正是在这种背景下发生的。

公元前361年，秦孝公即位。这时的秦国更加不为各国重视，连权力被架空的周天子都不愿意搭理秦国。于是，秦孝公决心改变秦国的形象，并在即位当年颁布了求贤令："不管是本国人，还是外国人，谁

秦国 我国春秋战国时期的一个诸侯国。国君为嬴姓。秦最初的领地在今天陕西省西部，在当时属于中国的边缘部分。秦在战国初期也比较落后。从商鞅变法才开始改变。公元前246年秦王嬴政登基，至公元前221年秦灭齐国，统一了中国。

■ 秦孝公 （前381年—前338年），战国时秦国国君。姓嬴，名渠梁。秦献公之子。在位期间，秦孝公重用商鞅实行变法，奖励耕战，并迁都咸阳，建立县制行政，开阡陌，在加强中央集权的同时，不断增进农业生产。对外，秦与楚和亲，与韩订约，联齐、赵攻魏安邑，拓地至洛水以东，自此国力日强，为秦统一中国奠定了基础。

有好办法使秦国富强起来，就封他做大官，赏给他土地。"

当时有个卫国没落贵族商鞅，欲展才学，他见到秦孝公的"求贤令"后，就投秦一试。商鞅见到秦孝公，阐述了自己的治国理论，认为秦国要想强盛，唯有变法图新。秦孝公闻言大悦，与商鞅秉烛达旦谈论了三日。秦孝公变法决心既定，封商鞅为左庶长，统令变法事宜。

商鞅变法的法令已经准备就绪，但没有公布。他担心百姓不相信自己，就在国都集市的南门外竖起一根3丈高的木头，并告示说："谁能把这根木头扛到北门去，就赏他10两金子。"

此言一出，观者哗然，因为扛这根木头到北门去实在不是一件太难的事。大家议论纷纷，但就是没人上前，都怕其中有诈。

看着围观者越来越多，商鞅又下令将赏金加至50两。话音刚落，一个红脸汉子推开人群走到木头跟前说："我来试试，最多不过是白扛一趟呗。"说着，他一哈腰，一使劲，一下子将木头扛到肩上，大步流星直向北门走去。

左庶长商鞅连声夸赞这汉子是个好百姓，并当众兑现了50两赏金。

这件事一下子就在全城轰动开了，大家都说左庶长言而有信，对他下的命令一定要认真执行才是。

公元前356年，商鞅正式公布了第一次变法令，包括了以下3项内容：

一是编制户籍，整顿社会治安。建立了什伍组织，就是5家为一"伍"，10家为一"什"，各家互相担保，互相监视。一家犯了罪，9家都要检举，否则10家一起判罪。检举坏人和杀敌人一样有赏，窝藏坏人和投降敌人一样处罚。外出必须携带凭证，没有证件各地不准留宿。

二是奖励发展生产。老百姓努力生产，粮食布帛贡献多的，可以免除一家劳役；懒惰和弃农经商的，连同妻子、儿女一同充为官奴。一家有两个儿子以上，成人以后就要分家，各自交税，否则一人要交两份税。

三是奖励军功。一律按军功大小授予官位和爵位；军事上没有功劳的，即使有钱也不能过豪华生活，就是贵族也只能享受平民的生活。

新法一公布，就遭到了旧贵族势力的强烈反对，因为他们的许多特权都被剥夺了。大臣甘龙等人公开与商鞅论战，其他反对派也到处攻击新法。

商鞅面对贵族们的挑战毫不退缩，他命人把反对派统统抓起来。这样一来，再也没人敢公开跳出来反对新法了。

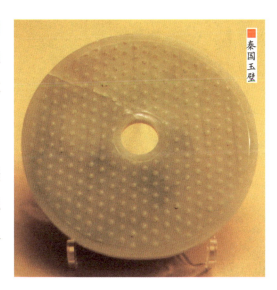

秦国玉璧

经过几年的变法图新，秦国的实力大为提高。老百姓男耕女织，粮食布帛渐渐多了，社会秩序也好得多，出现了"夜不闭户，路不拾遗"的升平局面。秦国渐渐富强起来。

公元前350年，在秦孝公的全力支持下，商鞅又公布了第二次变法令。商鞅的第二次变法，主要是两条：一是"废井田、开阡陌"和"封疆"；二是实行县制。

商鞅在经济上推行的重大举措是"废井田、开阡陌"。所谓"阡陌"，指"井田"中间灌溉的水渠及相应的纵横道路，纵者称"阡"，横者称"陌"。所谓"封疆"就是奴隶主贵族受封的界限。

"废井田、开阡陌"和"封疆"就是把标志土地国有的阡陌封疆去掉，废除奴隶制土地国有制，实行土地私有制。从法律上废除了井田制度。

法令规定，谁开垦的土地就归谁所有，田地可以自由买卖。这样就破坏了奴隶制的生产关系，促进了封建经济的发展。

同时，建立地方行政机构，把贵族封邑之外的土地、人口统编为31个大县，由中央直接任命官吏进行管理。为了便于向东发展，又将国都从原来的雍城迁到渭河北面的咸阳。

■ 秦青铜器盂簋

商鞅推行重农抑商的政策。规定，生产粮食和布帛多的，可免除本人劳役和赋税，以农业为"本业"，以商业为"末业"。因弃本求末，或游手好闲而贫穷者，全家罚为官奴。

商鞅还招募无地农民到秦国开荒。为鼓励小农经济，还规定凡一户有两个儿子，到成人年龄必须分家，独立谋生，否则要出双倍赋税。禁止父子兄弟同室居住，推行小家庭政策。这些政策有利于增殖人口、征发徭役和户口税，发展封建经济。

实行县制是商鞅在第二次变法中的又一重大举措。规定以县为地方行政单位，废除分封制。县设县令以主县政，设县丞以辅佐县令，设县尉以掌管军事。县下辖若干都、乡、邑、聚。

商鞅通过县的设置，把领主对领邑内的政治特权收归中央。该措施有力地配合了"废井田、开阡陌"政策，用政治手段保证了土地私有，巩固了中央集权

■ 秦国瓦当 秦瓦当纹饰取材广泛，山峰之气、禽鸟鹿雉、鱼龟草虫皆有，图案写实，简明生动。瓦当纹饰以动物形象居多，有鹿、四神、鸿雁及云纹。画面与写意相融，图案构思巧妙，有将画面一分为二，也有一分为四的，在对称中求变化，均衡自然，富于生气。

雍城 我国春秋时代的秦国国都，在今陕西省凤翔县南，公元前677年，秦德公即位以后定都于此，至公元前383年迁都至秦国东部地近河西的栎阳，为秦国定都时间最久的城市。

的封建统治，削弱了豪门贵族在地方的权力。

后来秦国在统一全国的过程中，在新占地区设郡。郡的范围较大，又有边防军管性质，因之郡的长官称郡守。随着秦国实力的增强，郡内形势稳定，便转向了以民政管理为主，于是在郡下设若干县，最终形成秦始皇统治时的郡县制。

此外，商鞅还统一度量衡。此前秦国各地度量衡不统一，为了保证国家的赋税收入，商鞅制造了标准的度量衡器，如今传世的"商鞅量"上有铭文记载了秦孝公"十八年""大良造鞅"监造等。

由量器及其铭文可知，当时统一度量衡一事是十分严肃认真的。商鞅还统一了斗、桶、权、衡、丈、尺等度量衡，要求秦国人必须严格执行，不得违犯。

商鞅统一度量衡，使全国上下有了标准的度量准则，为人们从事经济、文化的交流活动提供了便利的条件。统一了的度量衡对赋税制和俸禄制的统一产生了积极作用，有利于消除地方割据势力的影响，也为

郡县制 我国古代继宗法分封制度之后出现的以郡统县的两级地方行政制度。盛行于秦汉。郡县制是古代中央集权制在地方政权上的体现，它形成于战国时期。

066

变法图强

历代变法与图强革新

■ 秦朝布币 对春秋战国时期铸行的空首布、平首布等铲状货币的总称。因其形状而得名。先秦货币上的文字繁简不同，与甲骨文、金文有着前后相承的关系。据专家统计，空首布上的铭文、符号有200多种，可分为干支、地名、符号等，内容丰富。

秦时期的度量衡

后来秦始皇统一度量衡奠定了基础。

商鞅第二次变法令的颁布，更加削弱了旧贵族的势力，引起了他们更强烈的仇视。旧贵族们慑于商鞅的强硬手法，不敢公开跳出来反对，就挑唆太子出面。

太子出面反对变法，使已经升任大良造、统管秦国军政大权的商鞅十分为难。太子是国君的继承人，自然不能治他的罪，但若不予理睬，很可能使变法遭到失败。

于是，商鞅本奏秦孝公说："朝廷的法令必须上下共同遵守，如在上的人不遵守，下面的百姓就会对朝廷失去信任，新法就不能贯彻始终。所以太子犯法，应与百姓同罪。"

商鞅接着说："太子的过错，完全是他的两位老师长期以来恶意教唆的结果。太子年幼，他的言行，应该由老师负责。所以，我请求大王允许将太子的两位老师治罪。"

秦孝公看到太子脱了干系，也就很痛快地答应了商鞅的请求，将太子的两位老师公子虔和公孙贾，分别处以割鼻和刺字的刑罚。这样

青铜器周生豆

一来，其余的大臣就更不敢批评新法了。

秦国地广人稀，邻近的三晋人多地少，商鞅就请秦孝公出了赏格，叫邻国的农民到秦国来种地，给他们田地和住房。秦国人自己则主要用于服兵役，增强了秦军的战斗力。

秦孝公任用商鞅变法，前后不过20年的时间，秦国就从一个荒蛮之邦一跃而成为"战国七雄"中最富强的国家，周天子还特意派使臣去慰劳秦孝公，封他为"方伯"，承认了秦国的霸主地位。

商鞅是我国历史上乃至世界历史上最伟大最成功的改革家之一，他的变法是战国时期最彻底的一次变法。变法中确立的生产方式，推动了秦国社会的发展；变法中确立的行政体制，推动了宗法分封制向中央集权制转型。商鞅变法为后来的秦始皇建立大一统帝国奠定了基础，对后世产生了深远的影响。

阅读链接

长期以来，魏对秦的威胁最大。因为魏当时是战国七雄中的头号强国，而秦国力量较弱，黄河以西大片土地一直在魏国的控制之下。商鞅变法之后，秦国兵强马壮，准备收复失地。

公元前340年，齐、赵两国向魏进攻，魏国形势危急。商鞅认为这正是一个好机会，便亲率大军进攻魏国。秦军先头部队一鼓作气攻占了魏国的都城安邑，逼得魏国迁都议和。

为了表彰商鞅的功绩，秦孝公将商邑一带的15座城池封给了他，称他为"商侯"，后来人们叫他商鞅。

与民更始

　　秦汉至隋唐是我国历史上的中古时期。这一时期跨越千年，华夏大地历经数个朝代更迭，在动荡不安的时期，有志之士都在思考动荡的原因，如北魏孝文帝、北周武帝宇文邕和唐顺宗李诵，他们寻找症结之所在，去芜存菁，推行新政，以求迅速崛起。

　　这些能干实事的社会精英，曾经令举国上下一体励精图治，实在难得。改革是在摸索中前进，我们不能以成败论英雄。那种敢于挑战旧俗的革新精神，任何时候都是需要的。

北魏孝文帝改革

北魏孝文帝拓跋宏是一位杰出的政治家和改革家。

他在位期间，通过推行改革，有力地推动了政治、经济的恢复和发展，北方出现了魏晋以来空前的繁荣景象，有效地缓解了社会矛盾。更重要的是孝文帝的改革，维护了统一北方的新政权，加速了北方少数民族封建化的进程，促进了北方民族的大融合，为中国多民族共同发展作出了贡献。

孝文帝改革是一次政治、经济、文化方面的全面改革，意义重大、影响深远。

■ 北魏孝文帝画像

北魏孝文帝拓跋宏3岁时被立为皇太子，5岁时受父禅即帝位。由于深受祖母冯皇太后汉化改革的影响，他在24岁亲政后，继续推行汉化改革。

孝文帝以前，北魏的官吏是一律不给俸禄的。中央官吏可以按等级，分享缴获的战利品，或是受到额外的赏赐；地方官吏不同，他们只要上缴规定的租税赋役以外，就可以在其管辖的范围内任意搜刮，不受限制。

针对这种情况，孝文帝下决心实行俸禄制，他规定：每户征调3匹绢，2.9斗谷作为百官的俸禄。同时制定了严惩贪官污吏的法律，他规定：官吏贪赃一匹以上的绢就要处以死刑。

俸禄制实行以后，虽然增加了人民的赋税，但与以前放纵官吏们贪污掠夺相比，对人民还是有利的。正因为如此，俸禄制遭到一部分惯于贪赃枉法的官吏们的反对。孝文帝改革意图坚决，

冯皇太后

（441—490），冯氏，长乐信都人。或称"文成文明皇后""文明太后"。北魏文成帝的皇后。曾抚养皇子拓跋宏。拓跋宏登基为孝文帝后，她在承明年间便被尊为太皇太后。

■ 北魏佛砖砚

北魏石雕佛立像

宗主督护制 十六国大动乱时期，留在北方地区的汉族世家大族与地方豪强通过做坞自保的方式而成为坞主或壁帅，依附其下的农民人数众多，于是形成"宗主督护制"。北魏初时允许他们存在，后被孝文帝以三长制取代。

对这些人进行了严厉打击，先后处死了地方刺史以下的贪官污吏40多人，使北魏的吏治出现了崭新的局面。

485年，孝文帝采纳给事中李安世的建议，实行均田制。均田制的主要内容是：

男子15岁以上，给露田40亩。露田就是不栽树只种谷物的土地。

妇女20亩，一夫一妻60亩。男子还给桑田20亩。桑田就是已种或允许种桑榆枣等果木的土地。在不适合种果木的地方，男子给露田40亩，妇女5亩。

露田是私有田，可传给子孙，也可以买卖其中一部分。奴婢和良人也一样给露田。一头牛可给田30亩。此外，新定居的户主，还给少量的宅基田。

均田制不是平分土地。对于地主来说，是承认他的土地占有权，又限制了他们兼并土地；对于农民来说，是既承认他们已有的小块土地，又鼓励他们开荒；对于那些流浪者来说，则给他们自立门户提供了条件。

孝文帝于486年建立三长制，以取代宗主督护制，加强中央政府对人口的控制。

三长制规定：5家为邻，设一邻长；5邻为里，设一里长；5里为党，设一党长。三长的职责是检查户口，征收租调，征发兵役与徭役。实行三长制，三长直属州郡，打破了豪强荫庇户口的合法性，原荫附于豪强的荫户成为国家的编户。

三长制较之宗主督护制，毕竟是一种历史的进步。三长制的建立，使国家直接控制的自耕农民大量增加，国家赋税收入相应增加，农民赋税负担也有所减轻。北魏后期社会经济明显的恢复和发展，与三长制的实施有密切关系。

北魏的三长制后来成为北齐和隋朝乡里组织的基

■ 北魏石雕柱础 为南北朝时期的石雕。其为浅灰色细沙石质，方形底座，上呈覆盆形，顶部高浮雕莲瓣，中心有圆形插孔。周边雕蛟龙穿行于群山之间。方座四边浅浮雕忍冬纹和云纹。柱础底座四边浅浮雕缠枝莲。其装饰内容吸收了佛教、西域及其他外来文化的因素，雕工精美，玲珑脱俗，是北魏雕刻艺术品中的精品。

础，影响深远。

孝文帝为了加强中央集权，决心进一步改革。他认为现在改革的重点在于"汉化"。孝文帝很聪明，他在祖母冯皇太后影响下，也读了不少书，对汉族文化有较深的了解。他知道，要使北魏富强，必须抛弃民族偏见，接受汉族的先进文化。

在当时，北魏的都城在平城，即今山西省大同。由于地处边塞，既不便于加强同黄河流域汉族的联系，又不便于进攻南朝，对控制中原和推行改革都是障碍。于是，孝文帝决定迁都洛阳。

迁都是件大事，关系到许多鲜卑贵族的切身利益。他们大多留恋旧都的田地财产和奢侈的生活，害怕迁都会改变他们的生活方式，所以，强烈反对迁都。孝文帝为了达到迁都的目的，定下了一条妙计。

493年，孝文帝亲自率领步兵、骑兵30万渡过黄河，进驻洛阳。

孝文帝带领大臣们参观洛阳西晋宫殿的遗址。面对这满目荒凉的景象，他对大臣们说："西晋的皇帝没有管理好国家，致使国家灭亡，宫殿荒芜，看了真让人伤感！"

此时，洛阳秋雨连绵。文武百官本来就不愿南征，现在，他们面

北魏獬豸雕像

对连绵惨淡的秋雨和残败破落的宫殿，心情十分沉重。大臣们听了皇帝的话，纷纷跪倒在马前叩头，请求皇帝不要再南征了。

孝文帝乘机说道："这次南征，兴师动众，不可无功而返。不南征，就迁都。"并且下令："愿意迁都的站在左边，不愿迁都的站在右边。"

文武百官听了，权衡一下南征与迁都的利弊，觉得还是迁都为好。于是，所有随军贵族和官吏都站到左边去了。一时间，停止南征的消息传遍了全军，大家都高呼"万岁"。迁都洛阳之事，就这样决定了。

迁都洛阳后，孝文帝就开始大力推行汉化政策。首先，他改鲜卑姓为汉姓，禁止鲜卑族同姓结婚，鼓励鲜卑人与汉人通婚。

孝文帝把拓跋氏改成元氏；把丘穆氏改成穆氏；步陆孤氏改成陆氏；达奚氏改成奚氏等。他还带头娶汉族大姓女子为皇后、妃子，还给他的弟弟们娶汉族大姓女为妻室，还把公主们嫁给汉族大姓。范阳卢氏，一家就娶了3个公主。

孝文帝还下令，鲜卑族一律改穿汉人服装，孝文帝亲自在光极堂给群臣颁赐了汉服的"冠服"，让他

■ 北魏武士陶俑

拓跋氏 我国复姓之一。起源一为黄帝后裔，后北魏孝文帝改革，举族改元姓；二为西汉时李姓改拓跋姓。拓跋氏出现过很多历史名人，如北魏王朝的建立者拓跋珪、有勇有谋的北魏太武帝拓跋焘、汉化改革的北魏孝文帝拓跋宏等。

北魏网纹玻璃杯

们穿戴。

孝文帝还禁止说胡语，要求鲜卑族改说汉语。他规定：30岁以上的人，由于说话的习惯已久，可以慢慢改；30岁以下的人，要立即改说汉语。并严厉规定，在朝廷当官的人再说胡语，就要降爵罢官。

孝文帝在位期间，对北魏的政治、经济、军事和民族旧习，都进行了一系列大胆的多方面的改革，使鲜卑经济、文化、政治和军事等方面大大发展了，使北方各族人民在相互交往中渐渐融合，逐渐接受了汉族的先进生产方式及与之相联系的文化。

孝文帝的改革，促进了北方各民族的融合，为我国多民族国家的发展作出了贡献。

阅读链接

孝文帝怕大臣们反对迁都的主张，就先提出要大规模进攻南齐。大臣们不同意，他的堂叔、尚书令拓跋澄强烈反对。

孝文帝发火说："国家是我的国家，你想阻挠我用兵吗？"

拓跋澄反驳说："国家虽然是陛下的，但我是国家的大臣，明知用兵危险，哪能不讲！"

退朝后，孝文帝单独召见拓跋澄。他说："刚才我向你发火，真正的意思是要迁都。我说出兵伐齐，是想借这个机会，带领文武官员迁都中原。"

拓跋澄恍然大悟，马上同意魏孝文帝的主张。

北周武帝改革

北周武帝宇文邕是南北朝时期著名的改革家和军事家。

周武帝即位时面临着严峻的北周政局，极力摆脱鲜卑旧俗，大力灭佛，改善了征税、征兵的环境，加强了封建统治阶级的力量，削弱了宗教在社会上的影响力，巩固了封建统治，促进了社会生产力的发展。

他通过多方面的变革，使北周转弱为强，并最终统一了北方，为隋朝的建立奠定了基础。

■ 北周武帝画像

■ 北周仪仗俑

宇文邕是奠定北周国基的鲜卑族人宇文泰的第四子。青少年时代的宇文邕，前途平坦，12岁时就被封为辅城郡公。后来又被拜为大将军，出镇同州。

北周明帝即位，宇文邕入为大司空，进封鲁国公，参议朝廷大事。宇文邕性格沉稳，不爱多说话，但如果有事问他，他总能说到点子上，所以北周明帝曾感慨道："夫人不言，言必有中。"

560年，北周权臣宇文护毒死北周明帝宇文毓，立当时为大司空、鲁国公的宇文邕为帝，是为北周武帝。北周武帝即位时，北周政局十分不稳，关键原因就在于宇文护垄断了北周实权。

572年，周武帝诛杀了宇文护，除去了心头之患。这是周武帝一生中的大事，它使周武帝避免了走短命皇帝的老路，把北周从内乱倾轧中解救出来。清除了绊脚石，周武帝开始了一系列的改革措施。

周武帝改革的第一步就是改革府兵制。

573年，周武帝下令吸收均田上的汉族农民充当府兵。当兵的人可以免除租调和徭役，他们的家庭在3年内也可以不交纳租调和服徭役。

北周明帝
（534—560），宇文毓，鲜卑族，突代郡武川人。北周皇帝，谥"明帝"，庙号世宗。在位期间，北周的文化事业发展到一个前所未有的顶峰，使汉族文化逐渐深入少数民族的文化中，加快了中华文化的大融合，为北周武帝灭佛教，学习汉文化做了很好的铺垫。

这一规定，使原来为地方豪强大族所控制的农民，现在直接为朝廷所掌握。这是周武帝对府兵制所作的一项重大改革内容。

周武帝改革的第二步就是大力灭佛。当时北周的佛教，已经成了社会的寄生虫。寺院的和尚们不但不当兵，不纳税，而且面对灾民时，表现出来的非但不是赈灾，反而趁机吞并农民土地，使农民生活更加困苦，也严重威胁着北周政权。

灭佛这一策略暗暗在宇文邕心中生成。他认为，灭佛不仅能增加朝廷的财政收入，更是扩充军队之必须。

573年底，周武帝召集道士、僧侣和百官，讨论佛、道、儒三教的问题。周武帝辨释三教先后，以儒为先，道教为次，佛教为后。

把佛教抑为最末，事实上已是灭佛的前奏。当时有些佛教徒不知周武帝用意所在，还一个劲儿地争辩不休，说佛教应该在道教之上，心里很不服气。

而另一些明眼人却看透了周武帝的心事，但他们认为周武帝这样做很难达到预期目的。

僧侣的讥讽、反抗都无济于事，反而更增添了周武帝对灭佛的决心。

■ 彩绘载物跪起驼

574年，周武帝下诏：禁断佛、道二教，毁掉经像，驱散沙门、道士，令其还俗。并尽除佛、道二教相关礼典。一时间，北周境内焚经驱僧破塔者不计其数。威胁北周政权的佛教势力受到严重打击。周武帝在灭佛的同时，尊奉儒教人士，弘扬中原文化。

577年，周武帝率军攻入齐国邺城时，齐地佛风最盛，周武帝决心将尊儒灭佛的政策在齐地推行。

齐国有一个叫熊安生的经学家，博通五经，是北齐名儒。他听说尊儒灭佛的周武帝入邺城，连忙叫家人打扫院落，准备迎接周武帝前来拜访。不久，周武帝果然亲自来拜访他了。周武帝给了这个儒生很高的礼遇。

在尊儒的同时，周武帝又召集北齐僧人，讲叙废佛的理由。僧人慧远以警告周武帝，破灭三宝，将入阿鼻地狱。周武帝没有惧怕所谓死后下地狱的警告，下令禁断齐境佛教。

周武帝不顾世俗偏见，灭佛的时间较长，涉及面广，成绩很可观，这一点是值得充分肯定的。因此当时有人称赞说："周武帝灭佛，是强国富民之上策。"

正因为北周成功的灭佛运动，才使北周能够积蓄实

■ 隋文帝杨坚（541—604），鲜卑赐姓是普六茹，小名那罗延。隋朝开国皇帝，谥号"文皇帝"庙号高祖，尊号"圣人可汗"。他统一天下，建立隋朝，社会各方面都获得发展，形成了辉煌的"开皇之治"，使我国成为盛世之国。隋文帝时期也是人类历史上农耕文明的巅峰时期。

变法图强

历代变法与图强革新

力，国力增强，为灭掉北齐和统一北方奠定了基础。

自从北周武帝亲政后，情况发生了很大变化：一是经过灭佛，国家经济实力增长；二是吸收均田上广大汉族农民充当府兵，扩大了府兵队伍，军事优势形成；三是北与突厥和亲，南和陈朝通好，外交策略上的成功。而北齐却处于政出多门，不胜其弊的状况。

北齐后主高纬是历史上有名的昏君。他不爱说话，胆子又小，因此不愿意接见大臣。大臣向他奏事时，都不敢抬头看他，往往是把要讲的事撮要，略略一说就慌忙退出了。

高纬对理政全无兴致，日常生活却十分奢侈，整日里和一些宠臣、美姬鬼混，自弹琵琶，唱无愁之曲，近侍和之者以百数。

齐朝的老百姓给他送了个雅号，称为"无愁天子"。高纬还随意封官，连他宠爱的狗、马、鹰、鸡都被封为仪同、郡官、开府。北齐的政治一团漆黑。

北周武帝看清了北齐混乱的局势，决定出兵伐齐。575年，周武帝命宇文纯、司马消难和达奚震为前三军总管，宇文盛、侯莫陈琼和宇文招为后三军总

■北周鸡头执壶

阿鼻地狱 阿鼻意为"无间"，即痛苦没有间断之意。意为永受痛苦无有间断的地狱，指八大地狱中的第八狱。佛教认为，人在生前做了坏事，死后要在阿鼻地狱永受苦难。常用来比喻黑暗的社会和严酷的牢狱，又比喻无法摆脱的极其痛苦的境地。

管。杨坚、薛迥和李穆等率军分道并进。

周武帝自率大军6万人，直指北齐河阴，不久顺利攻下了河阴城。周军进入北齐境内，纪律严明，颇得民心。

576年，北周再次出兵伐齐。此次伐齐，周武帝集中了14.5万兵力，并改变了前次进军路线，亲自率部直攻晋州。周军主力进抵平阳城下。

右丞相高阿那肱没有及时报告高纬，直至晚上，信使来说"平阳已陷"，高纬慌忙逃到邺城。

577年，北周第三次出兵伐齐。周武帝率军攻破邺城，高纬于前一日逃往济州，又从济州逃往青州，正准备投奔陈朝时，为北周追兵所俘，送往长安，第二年被杀。

周武帝灭齐，统一北方，在历史上具有重大意义。它结束了自东西魏分裂以来近半个世纪的分裂割据局面，使人民免受战争苦难，得以重建家园，恢复生产，从而促进了整个北方政治、经济、文化方面的广泛交流和发展。

北方的局部统一为隋统一全中国奠定了坚实的基础。可以说，没有北周北齐的统一，就没有后来南北朝的统一。

统一北方以后，周武帝并没有居功自傲，仍然致力于北周朝政。

周武帝石刻

周武帝下令放免奴婢和杂户，提高了他们的生产积极性。他还注重广辟农田，兴修水利，于蒲州开河渠，于同州开龙首渠，扩大灌溉面积。

他还制定了"刑书要制"。刑书要制在本质上是镇压人民的，但对豪强地主隐没土地和人口也同样施以重典。此外，他还颁发了统一的度量衡，以便利于商业交往。

所有这些改革措施，顺应了历史发展的要求，促进了生产力的解放，对当时经济的恢复、社会的安定，起了积极的作用。

历史看似要赋予周武帝机会，却最终没有给予他时间。正当他打算"平突厥，定江南"，实现统一全国理想的时候，不幸于出征前夕病逝。

北周陶牛车

周武帝一生戎马倥偬，能和将士同甘共苦，身先士卒。他还勤于政事，生活简朴，平日常穿布衣，盖布被，后宫不过10余人。

连《资治通鉴》作者司马光也称赞说："他人胜则益奢，高祖胜而愈俭。"周武帝不愧为我国历史中一位少数民族杰出的英才之主。

阅读链接

北周武帝的皇后阿史那氏是突厥的王族，当初周武帝为了统一中原，便谋划和突厥联姻。

阿史那氏端庄美丽，但周武帝并不喜欢她，他们在一起生活了9年，始终没有生下一男半女。阿史那氏28岁那年，36岁的周武帝去世，宇文赟即位，阿史那氏成了皇太后。

两年后，宇文赟去世，宇文阐即位，她就成了太皇太后。但不到一年，宇文阐被杨坚废掉，两个月后被毒死。又过了一年，阿史那氏去世，时年32岁，谥号为"武德皇后"。

唐代永贞革新

"永贞革新"是我国唐代唐顺宗时期官僚士大夫以打击宦官势力为主要目的的改革。因为发生于永贞年间，所以叫"永贞革新"。

唐顺宗李诵即位，他的东宫旧臣王叔文、王伾居翰林用事，引用韦执谊为宰相。他们与柳宗元、刘禹锡等人结成政治上的革新派，共谋打击宦官势力，改革诸多弊政。

最后因保守势力发动政变，幽禁唐顺宗，拥立太子李纯，致使以失败而告终。改革历时100余日。

但是，此次改革打击了当时的藩镇割据势力、专横的宦官和守旧复古的大士族大官僚，顺应了历史的发展。

■唐顺宗李诵画像

805年正月，唐德宗去世，太子李诵即位，这就是唐顺宗。唐顺宗在即位之前就比较关心朝政，对唐朝政治的黑暗有深切的认识，他清楚地看到"安史之乱"带来的危害日见其深。

此时的唐王朝，贪鄙当道，贤能被逐，苛政如虎，百姓涂炭，唐顺宗认为只有改革，才能革除政治的积弊。

在当时，因为"安史之乱"后中央对地方失控，已经形成藩镇割据的局面，而藩镇之乱也此起彼伏，迄无宁日。在这种情况下，如何抑制藩镇势力，重建中央集权，成为唐王朝君臣必须正视的问题。

"安史之乱"也导致君主不信朝臣，致使宦官得以干政，宦官竟然主管禁军，并且已经制度化。宦官因为军权在手，无所顾忌，干政益甚。

在这种情况下，如何抑制宦官势力，夺回国家军权，也成为唐王朝君臣必须正视的问题。

对于唐顺宗的改革意愿，各级官员表现出保守与革新两种态度。高级官僚士大夫是保守派，他们注重既得利益，对变革新政不感兴趣。

唐德宗（742—805），即李适，唐肃宗长孙，唐代宗长子。唐朝第九位皇帝，在位26年。谥"神武孝文皇帝"。在位前期，坚持信用文武百官，严禁宦官干政，颇有中兴气象；执政后期，委任宦官为禁军统帅，在全国范围内增收税间架、茶叶等杂税，导致民怨日深。

宦官 又称寺人、阉官、宦者、中官、内官、内臣、内侍、内监等。是我国古代专供皇帝、君主及其家族役使的官员。先秦和西汉时期并非全是阉人。自东汉开始，则全为被阉割后失去性能力男人。

■ 刘禹锡雕像

王叔文（753—806），唐越州山阴人，即今浙江省绍兴人。唐代著名的政治改革家。805年正月，他获任为翰林学士，又兼度支使、盐铁转运使，后又任户部侍郎，实行改革。后贬为渝州司户。806年被赐死。

如老宰相贾耽，对防嫌免祸非常留意，对国家安危并不关心。新宰相高郢也小心谨慎，不图政绩。他们相互携手，共同维护旧的秩序。

低级官僚士大夫是革新派，他们身无长物，不怕冒险，敢于以变革新政为己任。如王叔文、王伾、刘禹锡、柳宗元等人。他们很想与一些朝中新进人士合作，共同开创新的局面。

唐顺宗即位时已得了中风不语症，但还是立刻重用王叔文、王伾等人，让他们参与朝廷大政的决策，进行大胆改革。他任命王叔文为翰林学士，王叔文用韦执谊为尚书左丞、同平章事。翰林学士掌机密诏令；同平章事为宰相。

于是，在唐顺宗的支持下，革新派围绕打击宦官势力和藩镇割据这一中心，进行了一系列改革。

一是罢宫市五坊使。

唐德宗以来，宦官经常借为皇宫采办物品为名，在街市上以买物为名，公开抢掠，称为宫市。早在唐顺宗做太子时，就想对德宗建议取消宫市。

当时王叔文害怕唐德宗怀疑太子收买人心，而危及太子的地位，所以劝阻了唐顺宗。这次改革先将宫市制度被取消。另外，充任雕坊、鹘坊、鹞坊、鹰坊、狗坊这五坊小使臣的宦官，也常以捕贡奉鸟雀为名，对百姓进行讹诈。这次改革也将五

唐代铁牛

坊使取消。这两项弊政被取消，因而人心大悦。

二是取消进奉。

当时的节度使通过进奉钱物，讨好皇帝，有的每月进贡一次，称为月进，有的每日进奉一次，称为日进，后来州刺史，甚至幕僚也都效仿，向皇帝进奉。贪官们以进奉为名，向人民搜刮财富。革新派上台后，通过唐顺宗下令，除规定的常贡外，不许别有进奉。

三是打击贪官。

浙西观察使李锜，原先兼任诸道转运盐铁使，乘机贪污。王叔文任翰林学士后，罢去他的转运盐铁使之职。京兆尹李实，是唐朝皇族，封为道王，专横残暴。

有一年关中大旱，他却虚报为丰收，强迫农民照常纳税，逼得百姓拆毁房屋，变卖瓦木，买粮食纳税。百姓恨之入骨，王叔文等罢去其京兆尹官职，贬为通州长史，百姓非常高兴，群起欢呼。

四是打击宦官势力。

这是革新措施的关键，也是关系革新派与宦官势力生死存亡的步骤。革新派裁减宫中闲杂人员，停发内侍郭忠政等19人俸钱，这些都

唐朝仕女俑

■ 唐长安西市模型

神策军 754年，陇右节度使哥舒翰在临洮西的磨环川，即今甘肃省临潭成立一支新部队神策军，以防御吐蕃。"安史之乱"后，神策军便成为禁军之一，实力逐渐壮大。至903年，朱温诛杀宦官，神策军被解散。

是抑制宦官势力的措施。

革新派还计划从宦官手中夺回禁军兵权，任用老将范希朝为京西神策军诸军节度使，用韩泰为神策行营行军司马。

宦官发现王叔文在夺取他们的兵权，于是大怒，串通后约定，神策军诸军不要把兵权交给范希朝和韩泰二人，使王叔文这一重要步骤未能实现。

五是抑制藩镇。

剑南西川节度使韦皋，派刘辟到京都对王叔文进行威胁利诱，想完全领有剑南三川，以扩大割据地盘。王叔文拒绝了韦皋的要求，并要斩刘辟，刘辟狼狈逃走。

从这些改革措施看，革新派对当时的弊政的认识是相当清楚的，在短短几个月的时间里，革除了一些弊政，受到了百姓的拥护。

但由于实力掌握在宦官和藩镇手中，革新派却是一批文人，依靠的是重病在身的皇帝，而皇帝基本上又是在宦官们的控制之中。所以，改革派随时有被宦官和藩镇势力一网打尽的危险。

805年3月，侍御史窦群、御史中丞武元衡，将革新党派列为异己，并进行攻击。同时，宦官俱文珍、刘光琦、薛盈珍等朋党相勾结，借唐顺宗病久不愈，欲立李纯为太子。而高郢、贾耽等宰相有的无所作为，有的称疾不起，以表示与革新党派不合作。

6月，剑南西川节度使韦皋、荆南节度使裴均、河东节度使严绶等，也相继向唐顺宗及太子奏表进笺，攻击革新党派。王伾再三上疏，请以王叔文为宰相，朝廷不应，王伾遂称病不出。

此时的形势已经不利，紧接着王叔文又因母丧离开职位，形势更急转直下。

7月28日，俱文珍等逼顺宗下诏，贬王伾为开州司马，王叔文为渝州司马。王伾不久死于贬所，王叔文翌年也被赐死。

9日，太子李纯正式即位于宣政殿，是为唐宪宗。随后，其他几位革新派也分别遭贬。

■ 大明宫遗址阁楼

大明宫遗址的雕塑

9月13日，贬刘禹锡为连州刺史，柳宗元为邵州刺史，韩泰为抚州刺史，韩晔为池州刺史。

11月7日，贬韦执谊为崖州司马。

14日，再贬刘禹锡为朗州司马，柳宗元为永州司马，韩泰为虔州司马，韩晔为饶州司马，又贬程异为郴州司马，凌准为连州司马，陈谏为台州司马。

上述10人，合称"二王八司马"。至此，永贞年间的变革新政运动彻底失败。

"永贞革新"失败了，但我们不能以成败论英雄。"永贞革新"的主要目的是试图缓解中唐以来日益尖锐的政治、经济和阶级矛盾，为此后的消灭宦官、藩镇势力，巩固中央集权做好准备。总体来说，"永贞革新"在当时是具有进步意义的，实际上也的确为以后唐宪宗的中兴局面打下了一定的基础。

阅读链接

那是在一次唐德宗的生日华诞上，略通一些佛教知识的皇太子李诵敬献佛像作为贺礼，唐德宗对太子的这一礼物很满意，就命韦执谊为画像写了赞语。

韦执谊得到太子的酬谢，按照礼节到东宫表示谢意。就在韦执谊这次来东宫拜谢皇太子的时候，身为太子的李诵郑重地向时为翰林学士的韦执谊推荐了王叔文："学士熟悉王叔文这个人吗？他是位伟才啊！"

从此，韦执谊与王叔文相交，而且关系越来越密切，成为"二王"集团中地位特殊的核心人物之一。

推行新政

　　从五代十国至元代是我国历史上的近古时期。我国封建经济发展至五代后期，统一的趋势日益明显，此时周世宗在经济、政治各方面进行的改革，为统一事业作出了重要贡献。

　　北宋的庆历新政和王安石变法，突现了宋代政治、经济、文化等各领域的现状。至于金世宗的改革政绩，历来被史家所称道。

　　他们除旧布新，建章立制，表明了一个改革者肩负使命的良知与愿望，从而在我国近古时期留下了重重的一笔。

后周世宗改革

变法图强

历代变法与图强革新

周世宗柴荣是后周第二代皇帝。他在位期间，全面推行改革，大力整顿吏治，调整了当时统治阶级内部，统治阶级和农民之间的尖锐矛盾，废除天下佛寺，安定了社会秩序，恢复发展了社会生产，国内经济稳定持续发展。

周世宗还加强了军事力量，为后周取秦陇、平淮右、复三关提供了保证，也为日后的统一建立了重要基础。他被史家称为"五代第一明君"。

■周世宗柴荣画像

■ 北周太祖文皇帝宇文泰 字黑獭，代郡武川人，鲜卑族，杰出的军事家、军事改革家、统帅。他是西魏王朝的实际建立者和权臣，也是北周政权的奠基者。西魏禅周后，追尊为文王，庙号太祖，559年，追尊为文皇帝。他堪称我国历史上继孝文帝元宏之后的又一位鲜卑族杰出的人物。

954年，北周太祖驾崩，柴荣按遗命在枢前即皇帝位，是为周世宗。年富力强的周世宗，雄心勃勃，决心开拓天下，休养百姓，营造太平。

为实现这一宏伟目标，他建立禁军、南征北战，改革政治，富国安民，营建帝都，畅通水路，建立了不朽功绩。

周世宗即位时，正值黑暗、动荡的时期，北周国贫民弱，外敌四起。即位还不到10天，便有北汉勾结契丹大举入侵。他力排众议亲自出征，招募勇士入编禁军，简选良将四面出击，沉着应战，危局中竟以少胜多，将汉军击溃。

战后，周世宗赏有功，罚怯懦，惩处贪生怕死的将领，严厉整治骄兵悍将。他下令各地将战斗力最强的士兵输送到京城，建立了精锐的禁军。并将精锐者升为上军，羸弱者裁汰，武艺特别出众的选为"殿前诸班"。

从此，中央禁军有足够的武力控制地方藩镇，成为服务于统一集权政治的武装工具。在此后的征战中，禁军起到了决定战争胜负的关键作用。后来的北宋延续了禁军制度，禁军始终是北宋王朝实力最强的

禁军 禁军是封建时代直辖属于帝王，担任护卫帝王或皇宫、首都警备任务的军队。因时代、文化与地域的不同，有其他异名同义的名称，如禁卫、亲卫、近卫、御林军等不同称呼。在封建时代式微后，这些名称往往成为军事荣誉称号，授予建立特殊功绩的部队。

■ 五代乐伎石像

变法图强

历代变法与图强革新

军事力量。

大败北汉后，周世宗派兵伐蜀，一举收回4州，使后蜀不敢轻举妄动。他审时度势，3次亲征南唐。

进攻南唐的战争从955年冬开始，一直持续至958年夏，夺取了江淮之间14州60个县，逼使南唐退守江南。南唐主李璟因屡战屡败，奉表称臣。后周大获全胜，国力骤然增强。

五代政治黑暗，官吏极端贪暴。周世宗大力整顿吏治，破格任用贤才，改革了科举制度存在的弊病，使一批有真才实学的人受到朝廷重用。

他力肃贪污之风，严厉惩处

李璟（916—961），字伯玉，原名李景通，江苏省徐州人。我国五代十国时期南唐政权的第二个皇帝。谥"明道崇德文宣孝皇帝"，庙号元宗。后因受到后周威胁，削去帝号，改称国主，史称南唐中主。好读书，多才艺。其诗词被录入《南唐二主词》中。

■ 五代时期白釉盒

贪官污吏毫不手软，就连亲生父亲的故友犯法也不徇私情。他严格考核官吏，有几个官员借奉命出使之机游山玩水，也被他贬了官，这在中国古代官吏考核史上是绝无仅有的事例。

　　周世宗奉行人道，注重法治，废除了随意处死条款和凌迟之类的酷刑。

　　他以多种人道措施对待犯人，打扫监狱，洗刷枷拷，给犯人充足的饭食，允许探视有病的犯人，无主的病人由官府负责治疗，严禁使犯人无故死亡，私自杀死犯人的官员被斩首。

　　他命人彻底修改法律，制定了较为完善的《大周刑统》，对北宋的《宋刑统》有着直接的影响。

　　周世宗关心民间疾苦，下令罢黜正税之外的一切税收，禁止地方官吏和豪绅将自己的赋税转嫁到百姓身上。他鼓励开垦荒田，把中原无主荒田分配给逃亡人户耕种，并对逃户庄田颁布处理办法，优待从辽朝返回的逃户。

　　他还注重减轻租税。958年颁发《均田图》，派官吏均定河南等地60个州租赋，废除曲阜孔氏的免税特权。又下令免收以前人民所欠两税，取消两税以外的苛捐杂税和一些徭役。

　　周世宗抑制寺院经济。当时

《大周刑统》
后周在统一北方后整理制定的法律制度。是以律为主，把相关的敕、令、格、式等进行汇编，然后再进行分类，编成一部法典。《大周刑统》对于《宋刑统》有着直接的影响，它为宋代法律名称的变化奠定了基础。

■越窑五代云纹罂

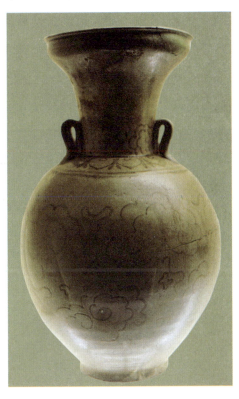

翰林学士 官名。学士始设于南北朝，唐初常以名儒学士起草诏令而无名号。唐玄宗时，翰林学士成为皇帝心腹，常常能升为宰相。北宋翰林学士承唐制，仍掌制诰。此后地位渐低，然相沿至明清，拜相者一般皆为翰林学士之职。

佛教广为流行，许多人为逃避徭役和赋税纷纷"出家"，大量金属被用来铸造佛像，致使铜价上涨，钱币奇缺。周世宗采取抑制佛教、打击寺院经济的措施，禁止私自剃度出家，拆毁寺庙数千所，勒令僧人还俗数十万人，促进了商业发展。

周世宗针对日益发展的寺院势力，于955年下令废除没有敕赐寺额的寺院3万多所，迫使大批僧侣还俗，并禁止私度僧尼。下令收购民间铜器佛像铸钱。

有人认为他这样做不近人情，他却笑着说："平定乱世乃千秋的功业。佛家曾说：如有益于世人，手眼尚且可以布施，区区铜像又何足道！"

周世宗打击寺院经济的措施，是继北魏太武帝、北周武帝和唐武宗"三武灭佛"后的又一次大规模的抑佛运动，使后周控制的劳动力和土地大量增加。

周世宗延聘文学之士，实行考试制度，纠正科举弊端。

重视国家的藏书和文化建设。他曾多次亲临史

■ 五代时期的金龙

馆视察藏书情况，见藏书太少，便下诏采取激励政策，钦定凡献书之人，均给以优赐。聚而又校，选常参官30人，对所藏图书进行校雠、刊正、抄写，并令在书卷末署校书名衔，为后周国家藏书奠定了基础。

周世宗曾极为诚恳地专门下诏要求群臣尽量上书言事，还点名让20多名翰林学士都写两篇文章《为君难为臣不易论》和《平边策》。

■ 五代残存造像

这种以命题向众多朝臣征求治国之策的做法在历史上是很少见的，而且他也绝不是哗众取宠，只做做样子。在认真审读大臣的建议后，他欣然采纳了大臣王朴《平边策》中"先易后难"的主张，以此制订统一大计，付诸实践。

在开封城市建设史上，周世宗是个重要人物。他曾命大将赵匡胤骑马飞奔，直至马力倾尽跑出2.5万米。于是周世宗下令以马跑的范围扩建城池，修建了气势宏伟的东京外城。这就是"跑马圈城"的故事。

唐朝后期曾大规模扩建开封城池，奠定了开封城基础。时过170多年之后，周世宗把汴州城拓展了一倍多，分外城、内城和皇城，城墙高大敦厚，建筑规整有序，为无险可守的开封城筑起了层层军事防线。

赵匡胤（927—976），别名香孩儿、赵九重。出生于洛阳夹马营，祖籍河北省涿州。军事家，政治家。他结束五代十国战乱局面，建立宋朝，庙号太祖。他在位期间，以文治国，以武安邦，开创了我国的文治盛世，是推动历史发展的杰出人物。

由于经济复苏，商业发展，城市人口迅速增长，城内房屋过于密集，民宅侵入官道，致使车马无法通行。周世宗着眼于帝王之都的长远发展，下令将城内违章建筑全部拆毁，将城内的坟墓全部迁往城外重新安葬。

这种让"死人给活人腾地方"的做法虽然高瞻远瞩，在当时却是需要极大勇气的，也遭到了许多人的非议和唾骂。周世宗明知会招来怨言，却依然故我，丝毫没有退缩。

他对身边的大臣说："这样的事情总得有人来做，这样做的好处你们会在几十年以后看到。"

开封素有"北方水城"之称，但在五代时期，由于藩镇割据，战火连绵，流经开封的大运河已不能通航，黄河水患不断。周世宗命人治理运河、黄河和汴河，堵塞黄河决口，修固黄河河堤，还在汴河口立斗门控制黄河水势，确保京城的安全。

为恢复以开封为中心的水路交通网，周世宗命人兴修水利，疏通漕运，先后疏浚了胡卢河、汴河、五丈河等。这样一来，山东和江南各地的粮食以及其他货物等，都可由水道直达京城。

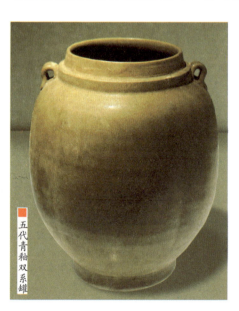

五代青釉双系罐

水路交通枢纽地位的恢复，使开封成为当时全国规模最大、设施最完备、经济最繁荣的城市，从而决定了后来北宋定都于此，对于赵匡胤的统一战争意义重大。

959年，周世宗见契丹君臣昏庸，国政紊乱，趁此良机，领军亲征，收复北方失地。42天之间，兵不血刃收复3个州17个县，取得了五代以来对辽作战最大的胜利。

周世宗信心百倍，打算乘胜进军，一举收复幽州。可惜在这紧要关头，他却突然患病，被迫班师还朝。959年6月29日，日落时分，残阳如血，积劳成疾的周世宗，带着他的抱负，带着他的遗憾，永远离开了人世。

五代越窑莲花盏

周世宗是位志在四方，有能力收拾旧河山的军事家，更是目光远大、胆识过人的政治家和改革家。他曾经希望能做30年皇帝，"以十年开拓天下，十年养百姓，十年致太平"。

为了实现这一宏伟目标，他在军事、经济、政治和文化等方面，以务实的态度、宏大的魄力，革故鼎新，做出了许许多多超越前人、启迪后世的非凡之举，卓有成效、影响深远。

他在位不到6年，但已经为后来北宋的统一事业奠定了基础。周世宗堪称照耀黑暗时代的一颗璀璨明星！

阅读链接

周世宗柴荣凡事率先垂范，甚至事必躬亲。他先后5次亲自领兵出征，每次都亲力亲为，战斗在第一线。

有一次，柴荣率领军队打算从水路进攻南唐，但在进军途中，有一段河道无法疏通，使大军受阻。

有的将领向柴荣禀告说，河道一旦被掘通，河水必然倒灌，所以无法安全施工，并建议改道前进。柴荣闻听此言，便亲自前去察看，几天后传下手谕，并且附有非常详细的施工方法。随军工匠依法施行，果然安全地疏通了河道，大军得以出征。

北宋庆历新政

宋仁宗时，官僚队伍庞大，行政效率低，土地兼并加剧，人民生活困苦，岁币和军费开支有增无减，国家财用日绌，国内危机不断加深，辽和西夏威胁着北方和西北边疆。

在内扰外困的情况下，1043年，宋仁宗责成范仲淹、欧阳修、富弼、韩琦、蔡襄、王素、余靖等人有所更张，施行新政，以图太平。史称"庆历新政"。

由于新政强调澄清吏治，对官吏和商人构成威胁，而守旧派朝臣习于苟安，反对新政，宰相范仲淹被迫自行引退。庆历新政最终以失败收场。

宋仁宗赵祯画像

庆历初年，是北宋政坛风云激荡，政局剧烈摇摆时期。北宋的边防开支突然膨胀。政府为了扩大收入，不得不增加百姓负担。于是，包括京城附近在内，各地反抗朝廷的暴动与骚乱，纷然而起。

1043年至1044年，宋军对夏战争惨败，内部动荡已是山雨欲来之势。

急欲稳定政局的宋仁宗皇帝，将西线的三名统帅范仲淹、夏竦和韩琦一同调回京师，分别任命为最高军事机关的正副长官枢密使和枢密副使，又扩大言官编制，亲自任命欧阳修、余靖、王素和蔡襄为4名谏官，后来号称"四谏"。

■ 范仲淹画像

"四谏"官第一次奏言，撤掉了略无军功的夏竦，以杜衍和富弼为军事长官。"四谏"官第二次奏言，彻底罢免了吕夷简的军政大权。"四谏"官第三声奏言，驱逐了副宰相王举正，以范仲淹取而代之。

1043年，宋仁宗连日催促范仲淹等人，拿出措施，改变局面。范仲淹、富弼和韩琦，连夜起草改革方案。特别是范仲淹，认真总结从政28年来酝酿已久的改革思想，很快写成了著名的新政纲领《答手诏条陈十事》，作为改革的基本方案。

《答手诏条陈十事》也叫《十事疏》，涉及澄清吏治、厉行法治和富国强兵3个方面，提出了10项改

宋仁宗（1010—1063），即赵祯，初名受益，宋真宗的第六子。北宋第四代皇帝。谥号"体天法道极功全德神文圣武睿哲明孝皇帝"。在位时宋朝面临官僚膨胀的局面，冗官冗兵，虽然西夏已向宋称臣，但边患危机始终未除。后来虽推行"庆历新政"，但未克全功。

北宋时期将台

变法图强

历代变法与图强革新

革主张，它的主要内容是：

一是明黜陟，即严明官吏升降制度。

那时，升降官员不问劳逸如何，不看政绩好坏，只以资历为准。故官员不求有功，但求无过，因循苟且，无所作为。范仲淹提出考核政绩，破格提拔有大功劳和政绩明显的，撤换有罪和不称职的官员。

二是抑侥幸，即限制侥幸做官和升官的途径。

当时，大官每年都要自荐其子弟充任京官，一个学士以上的官员，经过20年，一家兄弟子孙出任京官的就有20人。

这样一个接一个地进入朝廷，不仅增加了国家开支，而且这些纨绔子弟又不干正事，只知相互包庇，结党营私。为了国家政治的清明和减少财政开支考虑，应该限制大官的恩荫特权，防止他们的子弟充任馆阁要职。

三是精贡举，即严密贡举制度。

为了培养有真才实学的人，首先应该改革科举考试内容，把原来进士科只注重诗赋改为重策论，把明经科只要求死背儒家经书的词句改为要求阐述经书的意义和道理。这样，学生有真才实学、进士之法，便可以依其名而求其实了。

四是择长官。

针对当时分布在州县两级官员不称职者十有八九的状况，范仲淹建议朝廷派出得力的人往各路检查地方政绩，奖励能员，罢免不才；选派地方官要通过认真地推荐和审查，以防止冗滥。

五是均公田。

公田，即职田，是北宋地方官的定额收入之一，但分配往往高低不均。范仲淹认为，供给不均，怎能要求官员尽职办事呢？

他建议朝廷均衡一下他们的职田收入；没有发给职田的，按等级发给他们，使他们有足够的收入养活自己，然后便可以督责他们廉节为政；对那些违法的人，也可予以惩办或撤职了。

六是厚农桑，即重视农桑等生产事业。

范仲淹建议朝廷降下诏令，要求各级政府和人民，讲究农田利害，兴修水利，大兴农利，并制定一套奖励人民、考核官员的制度长期实行。

七是修武备，即整治军备。

范仲淹建议在京城附近地区招募强壮男丁，充作京畿卫士，用来辅助正规军。这些卫士，每年大约用三个季度的时光务农，一个季度的时光教练战斗，寓兵于农，实施这一制度，可以节省

恩荫 又可称为任子、门荫、荫补、世赏，它是我国上古时代世袭制的一种变相。恩荫反映了封建社会中官僚世袭制的变种。恩荫制始于宋朝，是"门荫"制的扩充，范围更大，宋代恩荫名目繁多。

■ 宋代的石磨

御史台 我国古代一种官署名。是监察机构，设立于唐朝，是中央行政监察机关，也是中央司法机关之一，负责纠察、弹劾官员、肃正纲纪。宋代元丰改制后，恢复设立御史台官署，职掌同唐朝，但不设留台，外官不带御史台官衔。

给养之费。京师的这种制度如果成功了，再由各地仿照执行。

八是推恩信，即广泛落实朝廷的惠政和信义。

主管部门若有人拖延或违反赦文的施行，要依法从重处置。另外，还要向各路派遣使臣，巡察那些应当施行的各种惠政是否施行。这样，便处处都没有阻隔皇恩的现象了。

九是重命令，要严肃对待和慎重发布朝廷号令。

范仲淹认为，法度是要示信于民，如今却颁行不久便随即更改，为此朝廷必须讨论哪些是可以长久推行的条令，删去繁杂冗赘的条款，裁定为皇帝制命和国家法令，颁布下去。这样，朝廷的命令便不至于经常变更了。

十是减徭役。

范仲淹认为如今户口已然减少，而民间对官府的供给，却更加的繁重。应将户口少的县裁减为镇，将各州军的使院和州院塌署，并为一院；职官厅差人干的杂役，可派级一些州城兵士去承担，将那些本不该承担公役的人，全部放回到农村。这样，民间便不再为繁重

■ 范仲淹 （989—1052），字希文，北宋著名的政治家、思想家、军事家和文学家，世称"范文正公"。宋仁宗亲政后，担任右司谏一职。1043年与富弼、韩琦等人参与"庆历新政"。后因为遭反对，被贬为地方官，辗转于邓州、杭州、青州，晚年知杭州期间，曾经设立义庄。

的困扰而忧愁了。

《答手诏条陈十事》写成后，立即呈送给宋仁宗。宋仁宗和朝廷其他官员商量，表示赞同，便逐渐以诏令形式颁发全国。

于是，北宋历史上轰动一时的"庆历新政"就在范仲淹的领导下开始了，范仲淹的改革思想得以付诸实施。

新政实施的短短几个月间，政治局面已焕然一新：官僚机构开始精简；以往凭家势做官的子弟，受到重重限制；昔日单凭资历晋升的官僚，增加了调查业绩品德等手续，有特殊才干的人员，得到破格提拔；科举中，突出了实用议论文的考核；全国普遍办起了学校。

范仲淹还主张，改变中央机关多元领导和虚职分权的体制，认真扩大宰臣的实权，以提高行政效率。为了撤换地方上不称职的长官，他又派出许多按察使，分赴各地。范仲淹坐镇中央，每当得到按察使的报告，就翻开各路官员的花名册把不称职者的名字勾掉。

在范仲淹的严格考核下，一大批尸位素餐的寄生虫被除了名，一批干才能员被提拔到重要岗位，官府办事效能提高了，财政、漕运等有所改善，暮气沉沉的北宋政权开始有了起色。

朝廷上许多正直的官员纷纷赋诗，赞扬新政，人们围观着改革诏令，交口称赞。

改革的广度和深度，往往和它遭到的反对成正比，大批守旧派的官僚们，开始窃窃私议。御史台的官员中，已有人抨击某些按察使，说什么"江东三虎""山东四伥"。范仲淹在边防线上的几员部将，也遭到秘密的调查，并遇到许多麻烦。

欧阳修等"四谏"，企图撵走这些保守派的爪牙，另换几名台官。但他们很快发现，台官背后，掩藏着更有权势的人物。欧阳修本人反被明升暗降，离京出使河东。范仲淹预感到，事情不那么简单，改革路上，隐患重重。

1045年初，宋仁宗下诏解除了范仲淹参知政事的职务，将他贬至邓州，即今河南邓县，其他革新派人士都相继被逐出朝廷。

实行一年有余的各项新政，先后取缔。京师内外的达官贵人及其子弟，依旧歌舞喧天。坚持了16个月的"庆历新政"终于失败。

"庆历新政"失败以后，宋朝的阶级矛盾和民族矛盾并未缓和，积贫积弱的局面仍在发展，统治集团感到危机四伏，因而改革的呼声在一度沉寂之后，很快又高涨起来，终于掀起一次更大的变法活动。

阅读链接

范仲淹在应天府读了五六年书，成绩优异，便有了一个远大的人生理想。据《能改斋漫录》记载，范仲淹应试前，特到祠堂求签，咨询能否当宰相，签词表明不可以。

他又求了一签，暗中祈祷："如果不能当宰相，希望能当良医"，结果还是不行。于是，他掷签于地，慨然长叹："男子汉大丈夫，这也不能做，那也不能做，还有什么活头！"

这就是"不为良相，则为良医"名言的来历。范仲淹有一句名言："先天下之忧而忧，后天下之乐而乐。"

北宋王安石变法

王安石是北宋丞相，新党领袖。他是我国历史上杰出的政治家、思想家、文学家、改革家，"唐宋八大家"之一。

王安石变法是针对北宋当时积贫积弱的社会现实，以富国强兵为目的而掀起的一场轰轰烈烈的改革。

王安石变法是我国古代的一次重要改革活动，他推行的富国强兵措施，已经具备了近代变革的许多特点，他被誉为我国11世纪伟大的改革家。

■ 王安石雕像

■ 王安石画像

太学 是我国古代的大学。始创于西汉武帝时期，鼎盛于东汉。其后，经曹魏、西晋，洛阳太学至北朝末衰落，历时六七百年，是屹立在世界东方的第一所国立中央大学，对后世产生了深远的影响，堪称我国教育史上的奇葩。

王安石出身于地方官家庭，自幼聪颖，读书过目不忘。而且他从小随父宦游南北各地，更增加了社会阅历，开阔了眼界，目睹了人民生活的艰辛，对宋王朝积贫积弱的局面有了一定的感性认识，青年时期便立下了"矫世变俗"之志。

1042年3月，王安石考中进士，授淮南节度判官。之后调任鄞县，他为人正直，执法严明，为百姓做了不少有益的事。

1058年冬，王安石改任三司度支判官时，给朝廷呈上《上仁宗皇帝言事书》，系统地提出了变法主张，法度必须改革，以求其能"合于当世之变"。要求改变北宋"积贫积弱"的局面，抑制大官僚、大地主的兼并和特权，推行富国强兵政策。

他认为变法的先决条件是培养人才，因此建议改革科举制度，整顿太学，唯才是举，培养经世致用的人才。

王安石主张变法，宗旨是以改革北宋建国以来的积弊。

积弊之一就是存在着三大矛盾：民族对立严重，北宋与西夏和辽国发生多次战争；统治集团内部矛盾突出，改革派与守旧派斗争激烈；阶级矛盾尖锐，宋朝统治者由于对土地兼并采取"不抑兼并"态度，导致1／3的自耕农沦为佃户和豪强地主隐瞒土地，致使富者有田无税、贫者负担沉重，连年的自然灾害加剧了农民苦难，因而造成各地农民暴动频繁。

冗官是北宋政府采用分化事权和集中皇权造成的。比如，宰相职位一般有很多人担任，同时还设置了枢密使、参知政事、三司使，来分割宰相的军、政、财权。

官职也不断增加，导致北宋机构臃肿；采用恩荫制，一个官僚一生当中可以推荐数十个亲属当官；北宋大兴科举，科举应试人数增加，取士人数也增加。

冗兵是扩充军队造成的。为了防范军阀割据，农民起义，抵御北方民族的南侵，稳定社会秩序，宋代不断扩充军队的数量，形成了庞大的军事体系，军费开支占到整个财政支出的十之八九，造成冗兵问题。

冗费是冗官、冗兵导致的直接结果，使政府财政

三司使 北宋前期最高财政长官。930年，始设三司使，总管国家财政。宋初沿旧制，三司总理财政，成为仅次于中、枢密院的重要机构，号称"计省"，三司的长官三司使被称为"计相"，地位略低于参知政事。

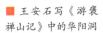
■ 王安石写《游褒禅山记》中的华阳洞

支出增加。与此同时，由于土地兼并现象严重，富豪隐瞒土地，导致财政收入锐减，因而造成了北宋政府的财政危机。

还有就是积贫和积弱这"两积"问题。积贫，国家财政入不敷出，国库空虚，出现财政危机，导致积贫局面的形成。积弱，北宋吸取中唐以后武将拥兵、藩镇割据的教训，大力削弱武将的兵权，领兵作战的将领没有调动军队的权力，带来的后果是指挥效率和军队战斗力降低，导致宋军在与辽、西夏的战争中连年战败，形成积弱的局面。

北宋初年上述三大矛盾和"三冗""两积"问题的存在，引起了严重的社会危机，革新除弊逐渐成为朝野共识。

1067年宋明神宗继位，起用王安石为江宁知府，旋即诏为翰林学士兼侍讲。后来曾经多次与王安石讨论治国之道，并任王安石为参知政事，主持变法。

王安石变法的第一项举措就是进行机构改革。

1068年2月设的"制置三司条例司"，是王安石推动变法第一个设立之机构，原本宋朝的财政由三司掌握，王安石设立置制三司条例司

北宋帝陵人物雕像

来作为三司的上级机构统筹财政，是当时最高财政机关，此机关除了研究变法的方案、规划财政改革外，也制订国家一年内的收支，并将收入定为定式。

■ 王安石与五先生雕像

1072年3月，王安石颁行市易法。由政府出资金一百万贯，在开封设"市易务"即市场交易司，在平价时收购滞销的货物等到市场缺货的时候再卖出去。同时向商贩发放贷款，以财产作抵押，5人以上互保，每年纳息两分，用以达到"通有无、权贵贱，以平物价，所以抑兼并也"。市易法增加了财政收入。

1070年，王安石令司农寺制定《畿县保甲条例颁行》。乡村住户，每5家组一保，5保为一大保，10大保为一都保。

凡有两人以上的农户，选一人来当保丁，保丁平时耕种，闲时要接受军事训练，战时便征召入伍。以住户中最富有者担任保长、大保长、都保长。用以防止农民的反抗，并节省军费。

宋明神宗

（1048—1085），即赵顼，宋英宗赵曙长子，谥号"体元显道法古立宪帝德王功英文烈武钦仁圣孝皇帝"。他即位后，由于对疲弱的政治深感不满，并且他素来欣赏王安石的才干，于是即位后命王安石推行变法。由于改革操之过急，不得其法，最终以失败收场。

北宋睚眦纹鎏银铁斧

王安石变法的第二项举措是进行税赋改革。

一是制定《方田均税条约》。

1071年8月由司农寺制定《方田均税条约》，分方田与均税两个部分。方田是每年九月由县长举办土地丈量，按土壤肥瘠定为5等，均税是以方田丈量的结果为依据，制订税数。

方田均税法清出豪强地主隐瞒的土地，增加了国家财政收入，也减轻了农民负担，同时却严重损害了大官僚大地主的利益，遭到他们的强烈反对。

二是改革均输法。

此法早在西汉桑弘羊时试行，唐代以后各郡置均输官，达到"敛不及民而用度足"。但是王安石以内藏钱500万，上供米300万石为本钱，行使均输法，汉朝的桑弘羊和唐朝的刘晏行使均输法都不另拨本钱，所以王安石的均输法也算是创新。

为了供应京城皇室、百官的消费，又要避免商人囤积，在淮、浙、江、湖六路设置发运使，按照"徙贵就贱，用近易远""从便变易蓄买，以待上令"的原则，负责督运各地"上供"物质。意在省劳费、去重敛，减少人民的负担。

三是颁布青苗法。

青苗法起源于陕西转运使李参，所以青苗法是一个地方实践后推向全国的产物。王安石颁布的青苗法，规定以各路常平、广惠仓所积存的钱谷为本，其存粮遇粮价贵，即较市价降低出售，遇价贱，即较市价增贵收购。

其所积现钱，每年分两期，即在需要播种和夏、秋未熟的正月和五月，按自愿原则，由农民向政府借贷钱物。收成后，随夏、秋两税，加息20%或30%归还谷物或现钱。

青苗法使农民在新陈不接之际，不至于受高利贷的盘剥，但具体实施中出现强制借贷现象，是王安石变法措施中争议最大的内容。

四是实施募役法。

募役法又称"免役法"，于1070年12月由司农寺拟定，开封府界试行，同年10月颁布全国实施。

免役法废除原来按户等轮流充当州县差役的办法，改由州县官府自行出钱雇人应役。雇员所需经费，由民户按户分摊。原来不用负担差役的女户、寺观，也要缴纳半数的役钱，称为"助役钱"。

实施募役法使得农民从劳役中解脱出来，保证了劳动时间，促进了生产发展，也增加了政府财政收入。

北宋帝陵的建筑

此外，王安石颁布了农田水利法。

规定各地兴修水利工程，用工的材料由当地居民照每户等高下分派。只要是靠民力不能兴修的，其不足部分可向政府贷款，取息一分，如一州一县不能胜任的，可联合若干州县共同负责。此法还奖励各地开垦荒田，兴修水利，修筑堤防圩岸，由受益人户按户等高下出资兴修。

在王安石的倡导下，一时形成"四方争言农田水利"的热潮。北方在治理黄、漳等河的同时，还在几道河渠的沿岸淤灌成大批"淤田"，使贫瘠土壤变成良田。

北宋汝窑天青釉刻花鹅颈瓶

历代变法与图强革新

王安石变法的第三项举措是进行军队改革。

一是实施裁兵法，整顿厢军及禁军。规定士兵50岁后必须退役，测试士兵，将禁军中不合格者改为厢军，厢军不合格者改为民籍。

二是实施将兵法，又叫"置将法"。废除北宋初年订立的更戍法。用逐渐推广的办法，把各路的驻军分为若干单位，每单位置将与副将一人，专门负责操练军队，以提高军队素质。

三是实施保马法。明神宗时，宋朝战马只有15万余匹，政府鼓励西北边疆人民代养官马。凡是愿意养马的，由政府供给马匹或政府出钱让人民购买，每户一匹，富户两匹。马有生病死亡的，就得负责赔偿，但遭遇到瘟疫流行，死了不少马匹，徒增民扰。不久废止，改行民牧制度。

四是实施军器监法。宋代武器原归中央三司胄案和诸州将作院制造，质量粗劣，严重影响战斗力。为了改善这种状况，1073年8月广设军器监，负责监督制造武器；并且招募工匠，致力改良武器。

王安石变法的第四项举措是进行科举改革。

关于科举和教育制度改革，王安石主要依靠的理论来源就是《上仁宗皇帝言事书》，其中主要谈到当时科举和教育的弊病主要是课试文章主要是章句之学，以及人主没有陶冶人才，所以提出"养之、教之、任之"的方法。

一是采取三舍法，即把太学分为外舍、内舍、上舍三等，"上等以官，中等免礼部试，下等免解"，以学校的平日考核来取代科举考试，选拔真正的人才。后来地方官学也推行此法。

二是改革贡举法。王安石改革贡举法，废明经、存进士。于1070年3月，进士殿试罢诗、赋、论三题而改试时务策；于1071年2月，颁新贡举制，废明经，专以进士一科取士。另设"明法科"，考察律令和断案。

三是颁行新的经义。1072年，明神宗正式提出应该颁行新的经义。次年，宋明神宗任命王安石提举经

厢军 宋太祖赵匡胤于965年，将各地的精兵收归中央，成为禁军，剩下的老弱士兵留在本地，称为厢军。厢军属地方军。其名为常备军，实是各州府和某些中央机构的杂役兵。有步军和马军两个兵种，编制分军、指挥、都三级，统兵官与禁军同。

115

近古时期

推行新政

■北宋帝陵正门

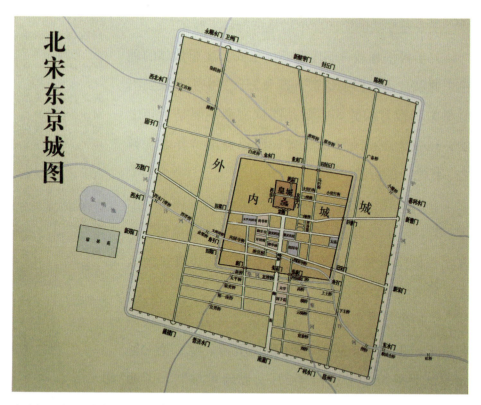

北宋东京城图

义局，由吕惠卿、王雱等兼修撰《诗》《书》《周官》等书。

在重新训释经义时，王安石确定了这样几条原则：

第一，训释经义，是为了破除"伪说"，教育士子，使其符合"盛王"时的做法；第二，要恢复经文本义，打破疏不破注即在解释旧注时，不改变其任何观点的成法，反对汉以后烦琐的章句传注使源流失正的陋习；第三，阐明经文义理，反对对经义的曲解和烦琐学风。

王安石变法触动了大地主大官僚阶级的利益，遭到他们的强烈反对。同时，改革的最主要支持者宋明神宗在关键时刻发生了动摇，宋明神宗死后司马光出任宰相，彻底废除新法。

王安石变法以"富国强兵"为目标，从新法实施，到守旧派废罢新法，前后将近15年时间。

在此期间，每项新法在推行后，基本上收到了预期的效果，使豪强兼并和高利贷者的活动受到了一些限制，使中、上级官员，皇室减少了一些特权，而乡村上户地主和下户自耕农则减轻了部分差役和赋税负担，国家也加强了对直接生产者的统治，增加了财政收入。

王安石变法遭到失败，也不能完全归咎于守旧派反对，他的政策和做法都值得检讨。

创行变法之初，司马光曾致函叫王安石不要用心太过，自信太厚，王安石覆书抗议，深不以为然，两人本是极要好又互相推重的朋友，从此割袍断义。再如，苏轼本来是拥护新法的最好人选，但苏轼的很多正确的意见也未能被王安石采纳。

1086年，司马光在宋哲宗朝为相，尽废新法，苏轼、范纯仁等人皆曰不可，司马光执意而行。不久王安石在南京病死，同年9月，司马光病逝。

1093年，在宣仁太后主导下，致力于恢复祖宗旧制，前后历时9年。支持变法者被称之为"元丰党人"，反对变法者被称之为"元祐党人"。从此宋朝进入了党争的泥沼，难以自拔。

王安石变法对后世产生了深远的影响，历代多有评说。南宋高宗为开脱父兄的历史罪责，把王安石作为北宋亡国元凶的论调，经宋国史至元人修《宋史》所承袭，成为我国皇权时代官方定论。

阅读链接

王安石打算身边再要个书童，可是连着看了几个都不中意。

这一天，家人又找来个书童，请王大人过目。王安石问了他几个问题，小家伙答得不错。

王安石看他聪明伶俐，也没说什么，在纸上写了几行字，交给了家人：一月又一月，两月共半边；上有可耕之田，下有长流之川；一家有六口，两口不团圆。

家人看了，沉思了一会儿，终于明白了主人的意思，就把小家伙留下了。原来，王安石写的是个字谜，谜底就是一个"用"字。

金朝金世宗改革

■ 金世宗完颜雍坐像

金世宗完颜雍是金朝第五位皇帝。在此时期，他革除了海陵王统治时期的弊政，重新整顿了金朝的统治秩序，并且提倡开荒，实行屯田，减免租税，使北方经济得到稳定发展，实现了天下小康的繁荣鼎盛，因此，金世宗也被称为"小尧舜"。

金世宗的政绩赢得了封建史学家的美誉，颂扬他有"汉文学风"，说他的统治"号为小康"。

金世宗完颜雍的女真名叫乌禄，是金太祖阿骨打的孙子。完颜雍长得很魁伟，性格沉静明达，又善于骑射。年轻时，他每次出猎，很多老年人都跟了去看，赞赏他的骑射技术，把他推为第一。

他为人宽厚，常随叔伯们四处征战，将士都很推崇他。

完颜雍能文能武，在女真贵族中威望较高，海陵帝完颜亮对他很不放心，经常调动他的官职。完颜雍的妻子乌林答氏劝完颜雍多向海陵进献珍异，以打消他的猜疑，免遭诛身之祸。

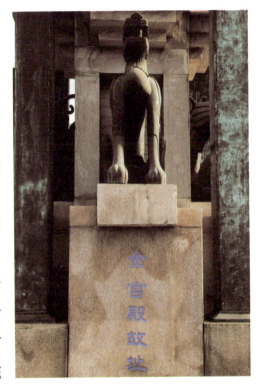

■ 金代宫殿故址

完颜雍照妻子的话，把许多珍宝送给海陵。海陵认为完颜雍怕他，对他又很恭顺，疑忌之心稍解。但在完颜雍任东京留守时，海陵还是派了心腹高存福任东京副留守去监视他。

1161年，海陵动员了大量的兵力、物力、财力与宋朝开战，搞得民不聊生，盗贼蜂起。契丹人不愿当兵，杀了金朝官吏，夺取3000副兵甲，举行起义。海陵的统治更加不稳。

同年11月，南征万户完颜福寿等率领金军2万人从山东前来，完颜谋衍率兵5000余人从常安，即今辽宁沈阳东北前来，他们都来投奔完颜雍。各路军队入

金太祖阿骨打

（1068—1123），完颜阿骨打，汉名旻。女真族。金代开国皇帝。是女真族的领袖，对金朝灭亡辽朝、统一北方具有奠基意义。在位期间，把猛安谋克制度改为军事行政组织，1119年，颁行女真文字。谥"武元皇帝"。

金代武士画像

城，共同击杀高存福等人。

随后，诸军官属来到完颜雍的府第求见。完颜雍刚刚走出来，诸军官属在廷下高呼万岁。完颜雍推让了一番，将领、官员一再劝进。

于是，完颜雍亲赴太庙，祭告祖先，再来到宣政殿登上了皇帝的宝座，是为金世宗。金世宗即位后，改元大定，废黜海陵。从此开始了他为期29年的统治。

金世宗虽然顺利地登基，但他即位后的金朝政局并不稳定。金朝自阿骨打建国以来，至金世宗已历4帝，即金太祖、金太宗、金熙宗和海陵帝。

完颜亮即位为海陵帝后，便执行以杀戮来稳定政局的政策，甚至连他自己的母亲也由于反对南伐宋朝被他杀害了。朝中人人自危。

金世宗即位时金朝的政局不稳，还表现在金朝境内布满了各族人民的起义。海陵帝时，女真族大量南迁，金朝政府授予他们土地，这必然要侵夺当地人民的土地，因而激起人民的反金斗争。

同时，海陵帝与宋开战，在民间横征暴敛，又强征汉族壮丁入伍。丁男不能从事农业生产，而军队需要大批粮饷，就产生了经济危机。这也激起各族人民的反金斗争。人民的起义动摇着金朝的统治。

金世宗就是在这种危机四伏的情况下即位的。他即位后面临的首要任务就是如何稳定政局。

在当时，各族牧民大起义，尤其是契丹人移剌窝斡领导的牧民大起义，严重威胁着金世宗的统治。所以他即位以后，立即采用招抚和镇压两种手段，来对付起义军。

后来移剌窝斡被人出卖，捕至京师，一部分起义军投奔了南宋。金世宗把移剌窝斡枭首于市，然后又派人前去招抚契丹各部。

为了防止契丹人民的反抗，金世宗把参加起义的契丹人分别编入女真的猛安谋克各部，使之杂处，便于更好的统治。这样，金的境内暂时取得了相对稳定的局面。

金世宗又把都城迁到中都。金世宗即位于金的东京辽阳府，辽阳府地理位置偏僻，不适合做都城。为此，全世宗诏群臣宣布迁至中都的日期，决定以中都为都城。这是金世宗即位后的一项稳定政局的措施。

金世宗对前朝宗室采取了安抚政策。他一反金熙宗和海陵帝滥杀宗室贵族反对派的做法，一即位就表示维护宗室贵族和对海陵手下的高官采取宽容大度的政策。

金世宗下诏历数海陵杀皇太后、太宗及宗翰、宗弼子孙，毁上京等几十条罪过，把他贬为炀王。然后给完颜宣除掉东昏王的称号，恢复名誉，加谥号为熙宗，改葬于思陵。又修复被海陵毁掉的会宁府宫殿，恢复上京称号。

金世宗还多次下诏令，对

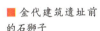

猛安谋克 金代女真族的军事和社会组织单位。有时作为女真人户的代称，或做官称猛安。它们是原始社会后期由于征掠、围猎的需要而设的军事首领，随后发展为固定的军事组织，猛安谋克作为军事编制单位，其人数实际上多少不定。

金代建筑遗址前的石狮子

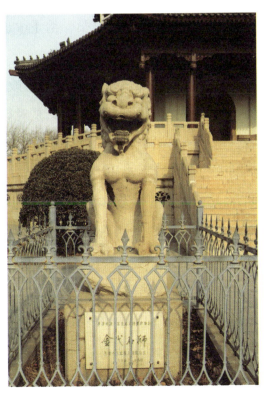

金代大钟

那些被无辜杀戮大臣的家属并沦为奴仆的，恢复他们的身份；对那些大臣的遗骨，派人到各处去访求，得到以后，由官府收葬；对那些被海陵无故削职、降职的官员，给予改正，量才录用。这些措施都起了安抚、笼络女真宗室贵族的作用。

金世宗的各项改革，首推吏治改革。他注重唯贤唯才，不重资历。他认为，按照资历用人，只是对待一般的人来说，对于才干过人者，就不该拘泥于常例。选官不重资历，这就把一批有才干、年富力强的人选到了领导集团中来。

1162年2月的一天，在金朝首都的宫门口，有个老臣局促不安地等待着求见金世宗。他叫张浩，辽阳渤海人，从金太祖阿骨打时期起就任官，是前任丞相。

金世宗亲切地接见了他，并推心置腹地对他说："现今，我感到国君难当，生怕出现一些差错和弊端。你是国家的元老，理当齐心合力帮我治理好我们的国家，好让后世人来赞扬我们的德政。"

张浩是个秉公办事的人，在任地方官时，所在的县秩序井然，政绩显著；后任尚书时，负责监督营建燕京都城的施工，也深得民心。

但是，也正是在他任丞相期间，海陵帝好大喜功，滥肆征伐，大兴土木，弄得民怨鼎沸。张浩虽曾婉言相劝，可并没有抵制。张浩深感自己未尽职责。

金世宗知道张浩的为人，也怕他有此顾虑，于是就对他说："在海陵帝时，你是丞相，负有一定的责任，但是有些事与你无关，因此大家并不怪罪于你。现在，我继续请你为丞相，也就是对你的信任，请你自勉，不要辜负了我的信任。"

张浩对金世宗这番通情达理的讲话非常感激。这次会见，使君臣之间的感情得到了交流。

几天之后，金世宗对张浩说："你是尚书令，凡有可用的人才，应立即推荐上来。"张浩见金世宗态度诚恳，就大胆地荐举了纥石烈志宁。

纥石烈志宁本名叫撒曷辇，是海陵帝时的左丞、右领军大都督。

一天，金世宗把纥石烈志宁等降将找来。金世宗对他们说："海陵帝暴虐残忍，你们却大加保护；我派使者去劝你们归来，你们又杀使臣。现在，我如果把你们处死也是理所当然的。"

纥石烈志宁回答说："我们因为得了海陵帝的厚恩，所以不降，罪该万死。"

但是，金世宗不念旧

■金代双鱼纹铜镜 为青铜质，圆形，圆钮，纹饰分两区构图：内区为主题纹饰，底纹为浅浮雕翻卷的波浪纹，刻划细致，有"尺水兴波"之感；波浪间浮雕二鲤鱼，鳞鳍清晰，造型生动逼真，同向回游，逐浪于清流中。鱼纹镜为研究金代涿州乃至整个燕京地区的政治、文化、经济和丧葬习俗提供了重要的实物资料。

金代仙人贺寿山子

恶，又看到他们很有才能，就赦免了他们，还任用纥石烈志宁为临海节度使。后来，金世宗重用纥石烈志宁为右丞相，进封金源郡王。纥石烈志宁屡建战功，为金朝作了不少贡献。

金世宗对官吏的升迁以政绩为准，反对苟且因循。

金世宗建议到了一定年龄的官吏就应当辞官。他认为人到晚年，精力总是不足的，因此他规定朝中大臣"许六十致仕"，也就是允许60岁辞去官职。他还有对官吏赏罚分明，并令中央和地方官经常交流等，这些都取得了良好的效果。

金世宗的吏治改革，使得女真贵族和海陵手下的官员，纷纷前来投奔，最高统治集团很快就稳定了。在他统治时期，金朝政府内形成了一个精干的有能力的统治核心。

核心成员中有在海陵帝时身居高位的人，有反对过金世宗的人，有资历浅薄的人，也有出身低微的人。如移刺道，原先是个都督府长史，后按资历升任翰林直学士，但是，根据他的政绩和才能，金世宗破格提拔为转运使，后又任宰相。

金世宗依靠这个领导核心中，实行了政治、经济、文化方面的改革。在改革吏治的同时，金世宗在官制、法制方面，也进行了改革，并进一步发展了科举制。他即位后，在金熙宗、海陵改革官制的基础上，着眼于集权于皇帝，又进行了改革。

新定的官制，以尚书令、左右丞相和平章政事为宰相官，左右丞、参知政事为执政官。宰相增员，可以分散宰相的权力，以集权于皇帝一人，也可以使更多的官员参与政事。

在法制上，金世宗主张择善而从。他认为旧的法律条文有不合适的地方，应当更改，唐朝、宋朝的法律有可用的就用。

他还对臣下说："制定法律条文，不要只局限于按照旧律，而且一些条文还很难让人看懂。历代的法律都在不断地修订、补充。文化低的百姓，常因不懂法律而违法。如果对那些难懂的条文，加以删改，让百姓一看就明白，不是更好吗？应当修订法律，务必让大家明了。"

金朝的法律经过修订，更加完善了。

金世宗重视通过科举选拔人才，注意培养女真族的知识分子。

1166年，金世宗开始置太学，学生最初只有160人，后发展到400人。1176年又设置府学17处，有学生上千人。金世宗尤其注意培养女真贵族子弟，他派人把《论语》《孟子》《老子》等，都译成女真文字，供女真贵族子弟学习。

1171年，创设女真进士科。两年以

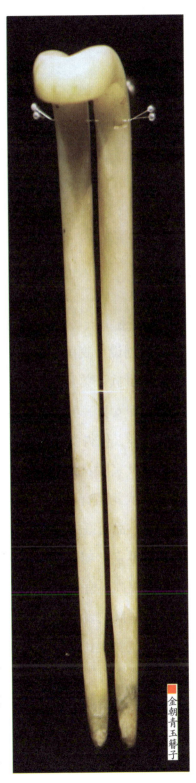

金朝青玉簪子

金 南宋时期全图
金泰和八年 南宋嘉定元年(公元1208年)

后，又创设女真国子学，在各路设女真府学，聘请新科进士为教授。对女真贵族子弟承袭猛安、谋克的职位，金世宗要求他们要学会一种文字，即女真、契丹或汉字。

这样，使得女真贵族的文化水平大大提高了。

金世宗对状元、进士，不仅要求其有才，而且要求人品要好。他规定，状元品行不好的，要除名。对中状元的人，先要访察他在乡里的品行，品行好的，才能按状元的待遇对待。

金世宗一朝，科举制从人数到考试科目、到中举的质量，都有了发展和提高。官吏中有很大一部分，来自科举考试。

科举制的发展，为金朝政府广招人才，进一步充实了统治集团。他是一位女真民族传统的坚定捍卫者，他为保存女真文化可谓殚精竭虑，不遗余力。

在军事策略上，金世宗即位后不仅平息了契丹人移剌窝斡领导的牧民大起义，还对南宋采取守势。他首先向南宋声明，南侵是完颜亮的错误，希望能重新按照绍兴和约行事。其次对南宋的军事行动保持克制，不予以还击。

1164年，金世宗主动和宋朝议和。但对于南宋一直要求改变宋朝皇帝接受金国国书的礼节和河南土地的要求，金世宗却不肯让步。

隆兴和议之后，他把来自中原参加南征的步军都遣返回家；同时派官员到汉人起义密集的山东地区，招抚正隆时期因苛重的兵役和劳役铤而走险的农民，只要及时归农，罪名一律赦免；对宋战争一结束，仅留6000人戍备，其余士兵也都放还。

对待北边的蒙古，金世宗认为是心腹之患，他经常派兵去"减丁"，就是消灭一部分精壮的男子，并且还修筑了壕边堡。保卫了中原文明不受侵害。

对待西夏和高丽，金世宗一直保持睦邻友好的姿态。他坚决不支持高丽权臣的叛乱，对西夏的一些细节方面的东西也不深究。

对于金国境内的契丹人，金世宗把他们迁居到内地，让他们和女真人混居，使他们放弃游牧，改为农耕生活，加强了对他们的控制。

金世宗还进行了经济方面的改革。为了与民休养生息，安定社会秩序，他颁发了免奴为良的诏令，提高了生产的积极性。

他还采取了重视农桑、奖励垦荒，进一步开弛禁地，实行增产者奖，减产者罚等一系列措施，发展

绍兴和约 南宋与金订立的和约。宋军抗金取得一定的胜利，但宋高宗与宰相秦桧唯恐有碍对金议和，解除了韩世忠、张俊、岳飞三大将的兵权，甚至制造岳飞冤狱，使抗战派对投降议和活动无法进行反对。1141年，双方达成和约。

■ 金代青釉狮座灯盏

■ 金代文物

榷场贸易 指我国辽、宋、西夏、金政权各在接界地点设置的互市市场。榷场贸易是因各地区经济交流的需要而产生的。对于各政权统治者来说，还有控制边境贸易、提供经济利益、安边绥远的作用。所以榷场常因政治关系而兴废无常。

了农业和畜牧业。

金世宗还平均赋税差役。金初对人户3年一籍，清查其人口、驱奴、土地和资产、据以排定户等，征收物力钱，征发差役。但贵族、官僚和地主以各种方式隐瞒财产逃避税收，而贫苦人户却负担重税。

为改变赋役不均现象，金世宗下令分路通检天下物力，因标准不一，诸路不均，百姓不堪承受。又颁布"通检地土等第税法"，统一各路标准，轻重不均的现象始有所改变。

对于遇有水旱灾害的地区，实行减免租税的办法，减轻人民负担，稳定了生产情绪。

金世宗的经济政策，促进了金朝榷场贸易的空前活跃，成为金朝与南宋、西夏以及北方少数民族经济联系的主要渠道。

金朝在与宋朝边境线上设立的榷场，自东往西有泗州、寿州、颍州、蔡州、息州、唐州、凤翔府、秦州、巩州、洮州等，密州胶西县则是金宋海上贸易的窗口。金朝与西夏贸易的榷场主要有绥德州、保安州和兰州。与北方少数民族在庆州朔平、净州天山和东胜州等地也进行榷场贸易。

榷场贸易既是辽宋夏金之间经济文化交流互补的重要方式，对官方也是一笔不小的财税收入。仅金朝每年从南宋购买的茶叶就耗资30余万两。金宋之间的榷场贸易在金世宗时发展势头迅猛。

金世宗孜孜求治，虚心受谏。

金世宗曾经亲至上京大宴宗室、大臣和故老，席间，他亲自唱女真歌曲，咏叹王业之艰难和守成之不易，唱到"慨想祖宗，宛然如睹"时，慷慨悲咽，不能成声。一个专制制度下的帝王，时时能有这种忧患意识和民本思想，诚属难能可贵。

金世宗本人又提倡节俭，而且注意兴修水利，鼓励民间发展手工业生产。

因此，从金世宗大定年间开始，金朝的经济得到了全面的恢复和发展。这时，金朝的统治达到了全盛时期。

历史上，有人把这个时期称作"大定仁政"，号为"小康"，而把金世宗誉为"小尧舜"。

阅读链接

金世宗重视对官吏进行考察。他评定官吏的标准是看政绩的好坏。好的得到升迁，差的予以除名，赏罚分明。

有一次，金世宗得知有个叫左渊的贵族子弟，在任漕司时贪污钱粮，非常生气，就好意劝他改正错误。但他坚持不改，后又盗用物资。金世宗当机立断将他除了名，永不叙用。

还有一个叫徒单贞的人，是太子妃徒单氏的父亲。当这个皇亲国戚的贪污罪行被揭发之后，金世宗除要他退回全部赃款、赃物外，还把他降了职，又削去他夫人的爵位。

元代忽必烈改制

孛儿只斤·忽必烈是元代的创建者，庙号元世祖。他是卓越的政治家和军事家，蒙古民族光辉历史的缔造者。他在位期间，首创行省制，加强中央集权，重视农业生产，治理河道，强调儒学治国，使得社会经济逐渐恢复和发展，为元朝的统一行动奠定了良好基础。

忽必烈的改制顺应了蒙古游牧民族封建化进程加快的趋势，他在征服中原后，接受了发展程度较高的中原汉族为主体的农业封建文明。由于忽必烈大行汉法，使得元朝的经济实力大为加强，并进兵剿灭了南宋残余势力，实现了我国历史上的又一次大一统。

■忽必烈画像

忽必烈年轻时就思"大有为于天下"，并热心于学习汉文化，曾先后召元好问、王鹗、张德辉、张文谦、窦默等问以儒学治道。他在蒙哥汗时受命治理漠南汉地军国大事。

■ 忽必烈雕像

在后来的1271年11月，他在建国10多年之后统治地位已经逐渐巩固时，才正式建国号为"大元"。忽必烈就是元世祖。

从此，大都成为元代多民族国家的政治中心。明、清两代，北京一直是国家的首都。元大都的修建，影响是深远的。

忽必烈在大都建都，不仅使疆域辽阔的大都成了国际化的大都市，还使之成了一个集政治中心与经济文化中心为一体的大城市，使得元代经济实力，文化教育以及政治管理方面得到了空前高涨的发展，这可以说是元代飞跃发展的一个阶段。

忽必烈的政体更新，首先是成立了中书省，由王

元好问（1190—1257），字裕之，号遗山，太原秀容，即今山西省忻州人。金元之际著名文学家和历史学家。工诗文，在金元之际颇负重望；诗词风格沉郁，并多伤时感事之作。其《论诗》绝句30首在我国文学批评史上颇有地位。

六部 从隋唐开始，中央行政机构中，吏、户、礼、兵、刑、工各部的总称。其职务在秦汉时本为九卿所分掌，魏晋以后，尚书分曹治事，曹渐变为部，隋唐始确定以六部为尚书省的组成部分。以吏、户、礼、兵、刑、工六部比附《周礼》的六官，秦汉九卿之职务大部并入。

文统担任中书省平章政事，张文谦为其主要助手，任中书左丞。中书省主要负责处理大多数的政务。

1263年，他建立了枢密院，负责军事。5年后，最后一个主要机构御史台成立了，负责监察和向忽必烈报告汉地官员的情况。

这些机构在各省都设有分支机构，负责执行中央政府决定的政策。这些机构负责全国事务，此外还有很多专为大汗和皇宫提供服务的特殊机构，例如内务府、将作院等。

忽必烈简化并整合了行政管理系统。他采取了高鸣的建议，废除了自唐朝起就设立的门下省和尚书省，但保留了中书省，六部也并入中书省，该机构全权负责行政事务。

由于只有一个机构负责，行政管理应该进行得更顺畅。呈报皇帝的所有奏折都要经过中书省过滤，中书省负责起草法律，解决"涉及死刑之案件并设断事官辅助之"。

中书令经忽必烈批准，得作出重要决策，由各部

■ 元大都遗址雕像

元代素胎褐彩梅瓶

负责执行。左丞相和右丞相负责向皇帝提出建议，并负责六部，而六部则负责贯彻执行政府政策，并在中书令患病、出行或无法视事时代行其政。

忽必烈在农业经济方面改革的关键是劝农。

1261年，他创建了一个机构劝农司，并任命8名官员开展支持农业经济的计划。忽必烈选择姚枢总领该机构，显示了他对农业的重视程度。同样，劝农司的官员又挑选了一批精通农业的人员帮助农民耕作土地。

最终，一支规模庞大的官僚队伍被组织了起来，其职责是促进农业生产以及有效利用土地。还规定把辖区内百姓人口、户数的增加、开垦田亩的数目、赋税是否公平作为衡量官吏政绩好坏的标准。

忽必烈还诏令劝农司编成《农桑辑要》一书颁行全国，指导农业生产。

忽必烈制定政策，促进土地的恢复，减轻农民赋税。他禁止牧人在农田里放牧牲畜。此外，他希望削减封地的权力，这对保护农民利益同样是很关键的。他尽力限制对老百姓提出的过分要求。

按照忽必烈所实行的新体系，原先农民向封地领主缴税改为向政府缴税，然后，税收收入由政府和领主平分。农民每年只需缴纳一次税，不必再

元代青釉双鱼盘

担心领主反复无常地征税。

有时他还会豁免那些被征召承担特别劳役者的税。忽必烈一再发布命令，要求他的使节和军队不能向当地农民滥征税。

忽必烈希望帮助农民自己组织起来，促进经济的复苏。至1270年，他发现了一个合适的机制，这就是社。这是一种由政府支持的新的农村组织，大约由50户组成，每个社有一个社长为其首领，首要目标是刺激农业生产，鼓励垦荒。

忽必烈对社所颁布的命令包括：助耕，植树，开垦荒地，改善防洪和灌溉设施，增加丝绸生产以及河湖养鱼，等等。社长要奖勤罚懒。

对于手工业，忽必烈在政府内设置了一定数量的机构，用于组织工匠和保障工匠的利益。这些家庭作坊负责提供首饰、衣物以及纺织品等，以应宫中所需。另外，公共建设项目也需要技术熟练的工匠提供服务。

为了获得手工业者的忠诚，并帮助他们取得成功，忽必烈制定了有利于工匠的规章制度。政府向他们提供定量的食物、衣物、食盐

元大都遗址的建筑

等，并豁免他们强制性劳役的义务。

规定还允许他们在市场上公开出售自己制作的物品。因此，在忽必烈的统治下，工匠是一个令人羡慕的职业。

对市场经济方面，忽必烈的政策使商贾兴旺发达。

商人总是被看作寄生虫，本性诡诈，嗜财如命，因此以前不少帝王试图规范他们的商业活动和利润，严重的甚至取缔他们的商业活动，没收他们的赢利。

元大都遗址建筑

忽必烈对商人并没有这种成见，他给予了他们相当高的社会地位。因此，贸易活动在中国境内繁荣起来了，对外贸易也很兴旺。

穆斯林商人在中国与中亚、中东以及波斯的陆上贸易中担当了中介的角色。他们进口骆驼、马匹、地毯、药材以及香料等，出口中国的纺织品、陶瓷、漆器、生姜、桂皮等。

他们把中国的瓷器、丝绸以及铜钱等从东南港口城市泉州和福州运往西方，并运回宝石、犀牛角、药材、熏香、地毯、胡椒、肉豆蔻以及其他香料等。在当时，一些中国瓷器是专为出口而设计的。

个体商户和商人协会在蒙古语中叫作"斡脱"，他们对我国的经济作出了很大贡献。

元代法律要求，外国客商进入中国以后，必须立即把他们的贵金属换成纸币。这项政策给政府带来了巨额财富，而商人也愿意遵守这

驿站 是古代供传递宫府文书和军事情报的人或来往官员途中食宿，换马的场所。驿站分驿、站、铺三部分。驿是官府接待宾客和安排官府物资的运输组织。站是传递重要文书和军事情报的组织，为军事系统所专用。铺由地方厅、州、县政府领导，负责公文、信函的传递。递铺用以传递公文。

项规定，因为政府同时赋予他们开展对华贸易的权力以赚取丰厚利润。斡脱向政府提供了非常宝贵的服务，而朝廷则大力扶持斡脱。

例如，在蒙古征服战争期间，斡脱向蒙古贵族提供了急需的贷款。作为报偿，忽必烈于1268年设立了一个斡脱监管机构。

该机构负责把来自蒙古贵族或政府的资金贷款给斡脱，月利息仅为0.8%，对比其他借贷者3%的月利息要低得多。

为了促进贸易并增加商人的利益，忽必烈决定在其辖区内流通纸币。忽必烈是第一位在全国范围内建立纸币流通系统的蒙古统治者。

忽必烈在执政的第一年，设计出了3种类型的纸币，其中之一在他任期内一直在使用。第一种纸币汉语叫"丝钞"，是以丝绸为本位的货币。其他两种中统元宝钞和中统银货，则是由银子储备支持的银本位货币。中统元宝钞最后赢得了人们的信任，成为最流行的货币。

这些纸币在当时可能很容易得到并且使用很广泛，因为马可·波罗在叙述他13世纪在华生活的时候，曾对纸币有过详细的描述。至少直至1276年，这套货币系统运

■ 元代凤鸟纹荷叶盖罐

行良好，部分原因是忽必烈严格控制了纸币的发行量。

忽必烈帮助商人的其他方式还包括运输系统的改善。忽必烈大力提倡修路，在路的两旁种有杨柳和其他树木为道路遮荫。

另外，他还建立了驿站，虽然最初是专为传送官方邮件而设计的，但是也用于方便贸易活动。除了接待旅行的官员和外宾之外，驿站也用于客商的客栈。

在忽必烈统治末期，就有1400多个驿站，拥有可供役使的马大约5万匹，黄牛8400头，骡子6700头，马车4000辆，小船将近6000艘，绵羊1150只。

每个驿站的规模不等，但都有为旅客投宿准备的客房、厨房、大厅、牲畜圈棚、粮仓等。在一般的情况下，信使骑马在驿站协助下一天内能跑400千米，以递送重要信息。这在13世纪乃至以后的世纪都不能不说是一种了不起的高效率的邮政服务系统。

忽必烈的政策在许多方面都促进了贸易，同时也显示了他对商人的关心。他的统治是很成功的，商人的生意异常兴隆。

其他阶层的人们和行业群体，在忽必烈的统治下似乎也比在汉人皇帝统治下过得好。比如，医生就是一个受到元代政府青睐的职业。

注重实用的蒙古统治者重视医学，因而使之成为一个很有吸引力的行业。医师的职业收入丰厚，并可通过影响患者，实践儒家思想中的仁爱理念。而且，医生经常被豁免劳役和其他赋税义务。

在政府的支持下，医生的社会地位得到了极大提高。

忽必烈这一系列经济措施，使饱受战乱破坏的中原地区的农业生产及商品经济基本上得到了恢复，有的地方甚至有了发展，为中原文明的保存和延续提供了可靠的物质基础，也为蒙古社会制度的封建化注入了新的物质内容。

在科技方面，忽必烈非常尊崇天文学家和其他科学家，并邀请了许多外国科学家来到中国。

1258年，波斯人在阿塞拜疆的马拉盖修建了观测站。他们制造了新的天文观测仪器，并且作出了重大发现。

1267年，忽必烈邀请波斯天文学家札马鲁丁来到中国传授这些发现。札马鲁丁带来了圆球形的天体图、日晷、星盘、地球仪以及天象仪等，作为礼物献给元廷。他还献给忽必烈一本新的更精确的日历，汉语叫"万年历"。

1271年，忽必烈终于建立了穆斯林天文学院，即"回回司天台"。在这里，我国天文学家郭守敬利用波斯天象图和演算结果，制造出了自己的仪器，并设计出了他自己的日历《授时历》，该日历在稍作修改后在明代被广泛使用。

■ 元大都土城遗址

元朝双凤麒麟石雕

在忽必烈统治期间，穆斯林对地理知识的传播和地图绘制也作出了重要贡献。随着阿拉伯和波斯的旅行家、商人带来关于中亚和中东的信息。地理学在中国蓬勃兴起，并采用了阿拉伯资料中关于中国以外其他地区的资料。元代绘制的世界地图可能是以穆斯林资料为基础的，对亚洲和欧洲的标写相当准确。

他提出修建三学，设立教授从事教学，开设科举来选拔人才，考试时以讲经义为主，辞赋、策论次之。开设学校后，应选择开国功臣的子孙们来上学接受教育，挑选明智通理的人才负责教育方面事务。下令地方州郡对孔庙加以祭祀。以礼乐安定天下太平。

他以国家专门的资金供养天下那些不会做买卖而又没有财产的名士和老成博学的儒生，保障其基本衣食住行。

在当时，孔庙的建设更进一步具体体现了忽必烈为获得儒士精英支持所作出的努力。元代代表定期向这位贤哲献祭，并在孔庙举行仪式。

郭守敬（1231—1316），字若思。生于元代顺德邢台，即今河北省邢台。元代的天文学家、数学家、水利专家和仪器制造专家。他修订的新历法《授时历》，是当时世界上最先进的一种精良的历法，通行360多年。

策论 宋代以来各朝常用作科举试士的项目之一。策是策问，论是议论文。在古时，策论指议论当前政治问题、向朝廷献策的文章。清末科举废八股文，用策论代替。特点是以论点为写作的中心。

郭守敬雕像

他建立国史院，令王鹗招募史馆编修者、学士以及起草人。尽管在忽必烈任期内，无论是《辽史》还是《金史》都没有完成，甚至在他统治期间还没有动笔起草，但是王鹗毕竟为金朝史的修撰构想了一个有组织的计划。而忽必烈及其幕僚对此构想及其初步实施也功不可没。

忽必烈的一系列汉化改革举措，推动了农业生产的发展和社会经济全面复苏，巩固了封建国家的统治，加强了中央集权和对边疆地区的管辖，促进了民族交往和中外交流。

实行"汉法"加强了民族交往和中外交流，促进了多民族国家的发展，实现了更大范围的大一统，更促进了统一的多民族国家的巩固和发展。

变法图强

历代变法与图强革新

阅读链接

忽必烈的铁骑包围大理城以后，姚枢讲劝谏他不要滥杀无辜。他采纳姚枢等人建议，派使臣前去劝降。

大理国王段兴智有归降之意，但大权在握的高和等人不想投降，并暗中将使者杀害。

忽必烈下令屠城。姚枢苦苦相劝无果。这时，刘秉忠把当权者比作牧羊人，把老百姓比作羊群，他说："牧羊人得罪了你，你拿无辜的羊出气，这公平吗？"

忽必烈立即下令"止杀"。

在这些汉族儒生的影响下，忽必烈对军队约束较严，这在当时是很不容易的。

矫国更俗

　　明清两代是我国历史上的近世时期。明清之际是一个大动荡、大分化、大改组的年代，有的史家称之为"天崩地裂"的时代。

　　明代张居正的改革、清代洋务运动和戊戌变法，是我国封建社会末期的一缕彩霞。改革浪潮中各派力量对现实的态度与主张，说明了变革与反变革的矛盾一直存在着。

　　不过，无论成功与失败，他们都为今天的改革者们提供了经验与教训，让这些不畏艰难的后来人，沿着漫漫的变革之路继续前行。

明代张居正改革

张居正是明代政治家和改革家，办事勤勉，讲求效率为缓和社会矛盾，从维持明王朝的长远统治出发，在政治、经济、国防等各方面进行了一系列改革。这次改革，成为明代走向沉暮历程中的一道亮光，使十分腐败的明代政治有了转机。

通过改革，强化了中央集权的封建国家机器，基本上实现了"法之必行""言之必效"，使明政府的财政收入增加，社会经济恢复和发展，国库充盈，仓库粮食可支用十年，并且在国防上增强了反侵略的能力。

■ 张居正画像

张居正出身于寒门，但他自幼聪颖绝伦，早年得志，16岁中举，23岁就以二甲进士及第的身份，被选为翰林院庶吉士。从此，他跻身政坛，开始了坎坷而又辉煌的政治生涯。

■ 张居正故居帝赉忠良碑刻

在数十年的宦海生涯中，张居正一向注意观察和思考社会现实中的诸多难题，悉心探究历代盛衰兴亡的经验教训。他曾于1568年向明穆宗上了一封《陈六事疏》，试图革除嘉靖以来的各种弊端。

张居正提出的改革主张主要有禁绝空言、讲究实际，整肃风纪、严明法律，令行禁止、提高效率，严明考课、选拔人才，轻徭薄赋、安抚民众，训练军队、严守边防等。

虽然在当时的情况下，这些主张还未能付诸实施，但我们从中可以窥探出张居正改革的最初蓝本，可以说，这是张居正全面改革的前奏。

考课 就是国家依照颁布的法令和行政规则，在一定年限内，对各级官吏进行考核，并依不同表现，区别不同等级，予以升降赏罚。所以考课制度又与官吏的铨选任用有着紧密联系。在封建社会里，考课制度在各个朝代都有其不同的特点，或详或略。唐代考课已形成一个完整的政治制度。

明神宗（1563—1620），即朱翊钧。明代的第十三位皇帝，谥号"范天合道哲肃敦简光文章武安仁止孝显皇帝"，葬十三陵之定陵。登基初期，由内阁首辅张居正主持万历朝新政。他勤于政务，后期不理朝政，经常罢朝，明代国势衰微。

1572年，穆宗驾崩，太子朱翊钧继位，改元"万历"，即明神宗。

明穆宗在位时，十分信任张居正，因此他遗命张居正等3个大臣辅政。由于明神宗年幼，于是一切军政大事都由张居正裁决。

张居正改革首先从整顿吏治开始。他认为当时朝野政治腐败、民不聊生的主要原因在于"吏治不清"。为了整顿吏治，以达到为官清廉，政治清平，让人民生活安定，从而使封建政权长治久安的目的，张居正于1573年推行"考成法"。

考成法提高了办事效率，减少了各部门的相互推诿、扯皮，为精简机构、节省政府开支提供了可能。稍后，张居正便下令裁减部院诸司冗官和各省司、府、州、县官，以提高官吏的素质和行政效率。这些都为此后张居正推行的各项改革奠定了基础。

通过整顿吏治和精简机构，张居正获得了一个效率较高、得心应手的行政班子，为推动经济改革做了

■ 明代云凤纹印泥盒

■ **明代士兵盔甲** 大体上与宋、元时期相同，由铁盔、铁甲、遮臂及下裙、足护几个部分组成，多数以钢铁材料制成，更具有实用性和装饰性，适应当时军事征伐和守卫的需要，在技术和实用性上，都比宋、元有较大的进步。铠甲的上体甲式有两种，一种近于清代的马褂式，即直领对襟；另一种为圆领，其制与"贯头衫"相似。其铁盔有三种式样：一种为小盔如便帽式而下连长网；一种为钵形式，用绵丝物护项，盔体较高，且顶有中轴以插羽翎，盔无眉庇；一种为高钵式而有大眉庇，盔式如尖塔，顶有中轴。兵士则穿锁字甲，配有铁网裙和网裤，足穿铁网靴。

思想上和组织上的准备。

张居正对嘉靖、隆庆时期行贿受贿、贪污腐败的社会状况深恶痛绝。因此，在整顿吏治的过程中，他果断采取措施，整治腐败，决心扭转政风士习，令出必行，有罪必罚，以重振往日的辉煌。

张居正在惩治腐败的过程中，清除了一批奸邪庸碌之人。这些果敢严厉的措施，表现了张居正惩治腐败、"廓清浊氛"的决心和魄力。

明神宗曾经屡次严令惩贪追赃，张居正也就提出，对违法犯赃者，"不问官职崇卑，出身资格，一律惩治，必定罪而毫无赦免"。

在张居正柄国的10年间，据《国榷》记载，关于惩贪的叙述有16处，涉及各级官吏、军官以及扰民的宦官。

在惩贪的同时，张居正竭力倡廉举能。他认为，选拔官吏应该"以操守为先"，廉洁且有能力者为最佳人选。他还主张不循资格，不惑浮誉，官吏黜陟皆绳之以品行与才能，并向明神宗建议恢复中断已久的

《国榷》记载明代历史的编年体史书，作者谈迁。鉴于经史官员垄断了明历代实录，在很多地方都忌讳失实，而各家编年史书又多肤浅伪陋。因此，谈迁寻访各种资料，广征博采，力求征信，与1627年完成，据称此书"六易其稿，汇至百卷"。

皇帝面奖廉能的制度。

奢风与贪风相长，惩贪必须抑奢崇俭。封建时代，帝王之举动，为万民所瞻，士大夫所效。因此，张居正一直谏说明神宗恤财节用人，在他的坚决抵制下，宫中许多不该浪费的钱财，较前有所减少。

在整顿吏治的同时，张居正还大力开展开源节流的经济改革，对帝国财政大加整顿。在节流方面，他起用水利专家潘季驯治理黄河。潘季驯采用堵塞决口、加固堤防的办法，束水攻沙以使河道畅流，基本上缓解了困扰多年的水患，从而节省了巨额的河政开支。

张居正还规定官员非奉公差不许轻扰驿递，违者参究，内外各官丁忧、起复、升转、改调、到任等项，均不得动用驿传，以厘革驿递冗费之弊。

为了开辟财源、增加财政收入，张居正还重新丈量土地，改革税制。他选派精明强悍的官员严行督责，在全国重新丈量土地，清查漏税的田产。

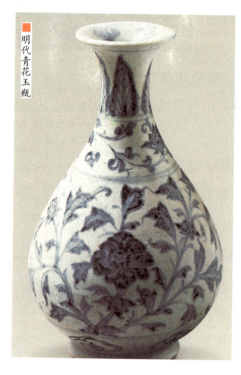
明代青花玉瓶

他任用张学颜制定《会计录》和《清丈条例》，颁行天下，限令3年内各地要把清理溢额、脱漏、诡寄等项工作办妥。至1580年，据统计，全国查实征粮田地达700多万顷，朝廷的赋税收入也因而剧增，国库充盈。

为了进一步改变严重的赋役不均，减轻无地或少地的农民的浮税，适应社会经济发展的新形势，张居正在清丈土地的基础上，实行了赋役制度改革。

■明代五彩花鸟纹笔洗

　　1581年，张居正通令在全国推行"一条鞭法"。这是自唐朝行"两税法"以来，我国赋税史上的又一次重大的改革。

　　"一条鞭法"又称"条编法"，其主要内容有：

　　　　统一役法，并部分地"摊丁入地"。主要是把原来的里甲、均徭、杂泛等项徭役合并为一，不再区别银差和力役，一律征银。

　　　　一般民人不再亲自出力役，官府需要的力役，则拿钱雇人应差。向百姓征收的役银也不再像过去按照户、丁来出，而是按照丁数和地亩来出，即把丁役部分地摊到土地里征收，这就是所谓"摊丁入地"。

　　　　田赋及其他土贡方物一律征银；以县为单位计算赋役数目；赋役银由地方官直接征收，以减少各种弊病。

　　一条鞭法的实行，在我国赋役制度改革发展的历史进程中具有划时代的意义。第一，简化了赋役的项目和征收上的手续，大大限制了地方胥吏从中的营私舞弊；第二，赋役折银的办法，有利于雇役制度的发展；第三，从当时的社会实际来说，一条鞭法的实行，也有利于资本主义萌芽的进一步发展。

张居正在进行政治、经济等方面的改革时，重视整饬军备，加强边防。在蓟州一带，他任用戚继光镇守，练就守边的精兵，修筑了沿边防线的"空心敌台"，还因地制宜地练习车战战术，保卫了东起山海关、西至居庸关长城一带沿线的边防。

历史学家则称赞戚继光镇守蓟州十六年，"边备修饬，蓟门晏然"，戚继光也深得人民的拥护和爱戴。

在辽东，张居正重用李成梁。李成梁作战能力高强，善于指挥御敌，威望甚高。在他镇守辽东期间，曾多次平息东北少数民族的进犯，保卫了东北边境的安宁。

张居正还在东南沿海地区分段设寨，修整兵船，严申海禁。在他当政的万历初年，基本上肃清了多年以来一直困扰明廷的"南倭北虏"的边患。

张居正的改革犹如昙花一现，旋即凋谢。张居正离世后，保守势力得势，进行了迅猛的反扑，张居正的长子不胜刑罚而自缢，次子和其他几个孙子充军远方，家属因被查抄饿死10余人。

万历通宝

支持改革的官员如吏部尚书梁梦龙、兵部尚书张学颜、刑部尚书潘季驯、蓟镇总兵戚继光、宁远伯李成梁等，均遭到排挤迫害；而从前遭到张居正打击的人，大都被重新起用，以致朝政发生重大变化，考成法、一条鞭法被废止，张居正改革在其身后惨遭失败的厄运。

张居正改革是在明代中叶以来社会危机日益严重的情况下实行的政治变革。在张居正秉政期间，对明王朝的政治、经济、军事等进行了多方面的改革，整顿了吏治，巩固了边防，国家财政收入也有明显的好转。

据记载，万历初年太仓的积粟可支用10年，国库的储蓄多达400余万，国泰民安，国力臻于极盛。

从这些方面来看，张居正改革确实取得了重大的成就。因此，他被明代著名思想家、文学家李贽誉为"宰相之杰"。

总之，张居正以超人的胆识，尽量利用了历史舞台所能给他提供的条件，去大刀阔斧地进行改革活动，并取得了比商鞅、王安石变法所取得的更大的成果，其中有若干历史经验，值得后人借鉴。

明代木椅

阅读链接

张居正非常注重对小皇帝的教育培养。

一次，张居正讲了宋仁宗不喜欢佩带珠宝玉器的故事，小皇帝接着就说："是呀，应当把贤德有才能的大臣当作宝贝，珠宝玉器对治理国家有什么益处呢？"

张居正跟着启发说："陛下说得非常对，还有，圣明的国君都非常重视粮食，并不看重珠玉。粮食可以养人，珠玉既不御寒又不能当粮。"

小皇帝高兴地说："对呀。宫妃们都喜欢穿衣打扮，我就要减掉她们的费用。"

张居正答："陛下能想到这层，是国家有福啊！"

清代洋务运动

　　洋务运动又称自强运动，是清朝政府内的洋务派在全国各地掀起的"师夷之长技以自强"的改良运动，主张发展新型工业，获得强大的军事装备，增加国库收入，增强国力，以维护清政府的封建统治。

　　洋务运动是近代中国第一次大规模模仿、实施西式工业化的运动，是一场维护封建皇权前提下由上到下的改良运动，并开启了近代中国的工业发展和现代化之路。

　　洋务运动为中国近代企业积累了生产经验，培养了技术力量，在客观上为中国民族资本主义的产生和发展起到了促进作用，为中国近代化开辟了道路。

■ 李鸿章画像

第二次鸦片战争后，清朝内外交困。统治集团内部一些较为开明的官员主张利用西方先进生产技术，强兵富国，摆脱困境，维护清朝统治。

1861年1月11日，恭亲王奕䜣，会同桂良、文祥上奏的《通筹夷务全局酌拟章程六条》，竭力主张推行一项以富国强兵为目标的洋务运动。

对于是否推行洋务运动，当时出现了洋务派和守旧派两派。在中央的总理衙门办事大臣、恭亲王奕䜣，以及文祥和沈桂芬，成为洋务派在中央的代表势力。

■ 曾国藩画像

地方以曾国藩为代表的洋务派认为，只要在封建制度中加进一些西洋先进技术，可以镇压人民，可以自主自强，封建统治便可长治久安，并认为筹办洋务，必定能得到列强的支持。

以慈禧太后为首的守旧派，高唱"立国之道，尚礼义不尚权谋，根本之图，在人心不在技艺"，主张以忠信和礼义抵御外侮。

洋务派与顽固派互相攻击，斗争十分激烈。总理衙门是推动洋务运动的中央机构。但洋务派势力主要不在清朝中央，而在掌握地方实权的总督和巡抚。

慈禧明白，在内外交困的形势下，要保持清朝的统治地位，必须依靠拥有实力并得到外国侵略者赏识的洋务派。所以她采取了支持洋务派的策略。

总理衙门 总理各国事务衙门简称"总理衙门""总署""译署"，为清政府为办洋务及外交事务而特设的中央机构，于1861年1月20日由咸丰帝批准成立。总理衙门存在了40年，后来改为外务部，仍位列六部之首。

■ 张之洞 （1837—1909），字孝达，号香涛、香岩，又号壹公、无竞居士，晚年自号抱冰。直隶南皮，即今河北省人。洋务派代表人物之一。提出的"中学为体，西学为用"，是对洋务派和早期改良派基本纲领的一个总结和概括。与曾国藩、李鸿章、左宗棠并称晚清"四大名臣"。其文稿辑为《张文襄公全集》。

洋务运动的内容很庞杂，涉及外交、军事、政治、经济和教育等。

1861年3月11日设置我国首个外交机构总理各国事务衙门，简称"总理衙门"，负责掌管对外事务，后来成为推动洋务运动的主要机构。

在军事工业方面，洋务运动初期，洋务派以"自强"为口号，通过引进大机器生产技术，在各省成立了新的军事工业，以加强军事力量。

安庆内军械所是1861年曾国藩在安庆创设的制造近代武器的军事工业，也是洋务派创办的仿制西式武器的第一个军事工业。主要制造子弹、火药、炸药等。"内"，表示军械所属于安庆军内的设置。

1864年，清军攻陷南京后，该厂由安庆迁到南京，改名为金陵机械制造局。

江南制造总局又称江南制造局，1865年由李鸿章在上海创办。1867年，由虹口迁至高昌庙，经过不断扩充，成为清政府最大的军事工业。该厂技术和机械设备主要依靠外国，除制造枪炮弹药外，也制造机器和修造轮船。

1905年造船部分独立，称"江南船坞"，兵工厂部分人称制造局。后分别改称"江南造船所"和"上海兵工厂"。

江南制造总局是洋务派开办的最大的近代工业，它用自炼钢材仿制的毛瑟枪，赶上19世纪后期德国新毛瑟枪的水平，它研制的无烟火药达到当时世界先进水平。

但是，江南制造总局是官办的，经费由清政府调拨，生产不计成本，不考虑经济效益，缺乏发展的动力。它采用封建衙门式的管理，用管军队的方法约束工人，工人缺乏生产积极性，产品质量得不到保证。

福州船政局，是清政府经营的设备最齐全的新式造船厂。1866年由左宗棠在福州马尾创办。聘用外国人担任技师。主要由铁场、船场和学堂三部分组成，辛亥革命后，改称海军造船所。

汉阳铁厂，是1889年春两广总督张之洞在广州筹

曾国藩（1811—1872），初名子城，字伯涵，号涤生。生于今湖南省娄底市双峰县荷叶镇。晚清重臣，湘军之父。他的军事功劳、政治思想及人格修炼，对清王朝的政治、军事、文化、经济等方面都产生了深远的影响。

■ 定远号模型

■ 汉阳兵工厂制造的枪械

詹天佑（1861—1919），字眷诚，号达潮，广东省南海人，是我国首位铁路总工程师，负责修建了京张铁路等工程，所创造的"竖井施工法"和"人"字形线路，震惊中外；有"中国铁路之父""中国近代工程之父"之称。

划建立的，同年他调任湖广总督，筹办的炼铁厂也随迁汉阳，1890年在大别山下动工兴建，1893年汉阳铁厂基本完工，共有6个大厂，4个小厂，炼铁炉两座。

1894年投产，开始均为官办，从筹办起至1895年，共用经费580余万两白银。

中日甲午战争后，清政府因无力筹措经费，汉阳铁厂于1896年改为"官督商办"。辛亥革命前夕，汉阳铁厂工人约3000人，每年出钢7万吨。

轮船招商局简称"招商局"是我国最早设立的轮船航运企业。1872年李鸿章招商筹办。1873年1月成立。总局设上海，分局设烟台、汉口、天津、福州、广州、香港以及横滨、神户、吕宋、新加坡等地。

在教育方面，洋务派在全国修建了30余所近代新式学校，用来培养科学、军事、翻译人才。著名的翻译机构同文馆也于1862年建立，翻译出版西书，推广西学。

在1872年至1875年间，每年向美国派遣30名幼童留学，他们大多成为重要人物。其中著名的如民国内阁总理唐绍仪与铁路专家詹天佑。近代第一批中国留学生容闳负责选招首批留美幼童，并担任副监督。

如果说总理衙门的成立是洋务运动兴起的标志的话，那么坚船利炮的诉求成为清中央政府的方针，也是洋务运动兴起的一个重要记号。因为洋务运动引进和学习西方先进科学技术的中心内容，就是从坚船利炮引发出来的。

洋务运动时购买的机器

1861年，奕䜣奏请购外国的船炮，以期早平内患。朝廷采纳了这一建议。于是购买外洋船炮全面展开。

洋务派派出大批官员前往英、法、德、美等国采购军事装备，并成立了近代海军，如北洋水师、南洋水师、广东水师和福建水师。

其中北洋水师购买的"定远""镇远"铁甲舰号称"远东巨舰"，是当时远东吨位最大、火力最强的舰只，并在旅顺修建了新的军事基

洋务运动时的蒸汽机

地。"平远"是福州船政局首次自行设计建造之全钢甲军舰，也是19世纪末我国造船工业的登峰之作。

19世纪40年代前、中期，学习西方先进技术、仿制新式武器，一时成为风气，士子群起钻研军事技术并著书立说者甚多，粗略统计有：郑复光的《火轮船图说》，江仲洋的《铸炮说·附台炮》，丁拱辰的《演炮图说》，丁守存的《西洋自来火铳制法》，黄冕的《炮台旁设重险说》，陈阶平的《请仿西洋制造火药疏》等。

这些仿造与著述，反映了人们把西洋先进船炮技艺转为己有的迫切愿望和要求，也表明我国将西洋新技艺转为己有的愿望已经有了实现的可能。这正是魏源等人"师夷长技以制夷"思想的体现。

由于前期的军事工业耗费了大量银饷却没有明显成效，并且军事工业所需的原料也出现短缺，洋务派决定以"求富"为口号，再发展一批民用工业以筹集资金。这批民用工业的产品很多是以市场为导向，产品在一定程度上抵制了外国资本主义国家的商品输出。这些民用工业具有近代资本主义工业的特点。

在通讯方面，洋务派在1879年于天津和大沽之间铺设我国第一条电报线路。后来又于1881年修建天津至上海的陆路电线。洋务派还修建了电报总局与电报学堂。

1884年，上海至广东的路线竣工。电报总局由天津迁往上海，由盛宣怀督办。

北洋大学堂

次年，至汉口的电报接通。此后电报事业逐渐扩充，几乎遍及各个主要城市，其中有些是官督商办的，也有的为官办。

■ 洋务运动时引进的纺织机

洋务运动维持了30多年，直至1895年"中日甲午战争"爆发，中国败给日本，其重点项目北洋舰队覆没，洋务运动就此结束，最终失败。

洋务运动的失败的原因有很多，包括缺乏完整的计划、主事者识见不足、守旧人士的反对、官僚政风的败坏等。洋务运动虽然失败，但也有一定成就，影响了日后中国的发展。洋务派抵制商品输出，刺激了我国民族资本主义。

虽然洋务运动没使我国富强起来，但它引进了西方先进的科学技术，使我国出现了第一批近代化工业企业。

阅读链接

奕䜣在道光的几个儿子当中最为聪敏，奕䜣小时候就显示出了他的聪明才智，即能读书成诵。

虽然这个本事在现在的年轻人里不算什么，毕竟摇头晃脑的背书不如素质教育值得提倡，但是在接近200年前的清代宫廷，这个则被看得很重要。

首先他代表的是皇子的聪明程度，其次就是皇子的学问，毕竟皇帝是国家的元首，所以学问大小关系到是否能继承皇位。但是道光皇帝确是个优柔寡断的皇帝，直至死前仍对传位之事下不了决心。

清代戊戌变法

　　戊戌变法又名百日维新、戊戌维新、维新变法，是光绪皇帝领导的短暂政治改革运动。变法深入经济、教育、军事、政治及官僚制度等多个层面，希祈清朝走上君主立宪之路。变法失败引发了民间更为激烈地支持改革主张。

　　戊戌变法是我国历史上一次爱国救亡运动，它要求发展资本主义经济和扩大资产阶级政治权力，符合近代中国发展的历史趋势。它传播了资产阶级新文化、新思想，批判了封建主义旧文化、旧思想，也是一次思想启蒙运动，在我国近代历史上具有巨大的影响。

■ 康有为雕像

洋务运动未能根本地改变清代的落后，此次运动失败后出现了要求从更基本层面，包括政治体制上进行变法维新的强烈声音。

变法维新运动开始于1895年，北京发生公车上书之时。当时齐集在北京参与科举会试的各省举人收到《马关条约》，得知了清朝割去台湾及辽东，并且向日本赔款白银两万万两的消息，一时间群情激动。

4月，康有为和梁启超作出了呈给皇帝的万言书，并在书中提出"拒和、迁都、练兵、变法"的主张，得到1000多人联署。

5月2日，两人连同18省举人及数千北京官民，集合在都察院门前要求代奏光绪帝。进京参加会试的举人是由各省派送，依照惯例，对进京参加会试的举人又俗称为公车，故此称为"公车上书"。

虽然公车上书在当时没有取得直接实质的效果，却形成了国民问政的风气，之后催生了各式各样不同的议政团体。当中由康有为和梁启超两人发起的强学会最为声势浩大，一度得到帝师翁同龢和湖广总督张之洞等清朝高级官员的支持。

1898年初，康有为联续上书要求推行新政，但是康有为非四品官，无权上书皇上。

■ 梁启超（1873—1929），字卓如，一字任甫，号任公，又号饮冰室主人、饮冰子、哀时客、中国之新民、自由斋主人，广东新会人，清光绪举人，我国近代史上著名的政治活动家、启蒙思想家、教育家、史学家和文学家、学者。和其师康有为一起，倡导变法维新，并称"康梁"，是戊戌变法领袖之一。

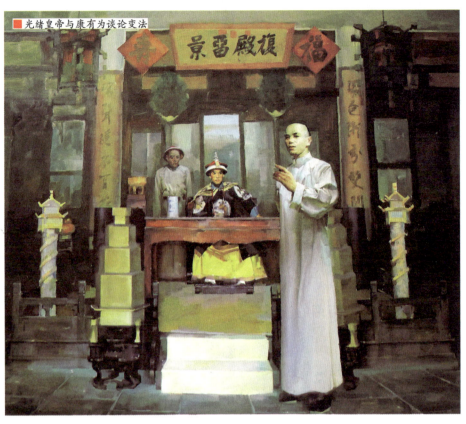

■光绪皇帝与康有为谈论变法

变法图强

历代变法与图强革新

光绪（1871—1908），即爱新觉罗·载湉，清德宗光绪皇帝，清朝第十一位皇帝。光绪帝一生受到慈禧太后的挟制，未曾掌握实权。戊戌变法时，他打算依靠袁世凯囚禁慈禧，但反被袁出卖，从此被慈禧幽禁在中南海瀛台。后因砒霜中毒而暴崩，葬于清西陵的崇陵。

1月29日，康有为的奏折首次转呈光绪，光绪命令允许康有为随时上书。同日，康有为第六次上书。

2月，康第七次上书，再次建议皇帝效仿彼得大帝和明治天皇的改革，并且呈上他自己的著作《日本变政考》和《俄大彼得变政记》以及其他有关各国改革的书籍。

光绪连接康有为上书，便在此后每日阅读，加强了改革的决心。

6月10日，光绪令翁同龢起草《明定国是诏》，送呈慈禧审查，得到批准，于6月11日颁布《明定国是诏》，表明变革决心，变法由此开始。因1898年是戊戌年，故称"戊戌变法"。

6月16日，光绪首次召见康有为。

康有为觐见光绪帝时，开宗明义地说："大清快要灭亡了。"

光绪答这是保守官员所累。

康有为说靠那些官员推动改革等于缘木求鱼，用了大量的时间，力陈变革之必要。

这是光绪与康有为首次也是唯一一次会面。数日后，光绪调任他为总理事务衙门章京行走，但是官位仅至六品，而康有为早于3年前已经是六品官。

随后，光绪又召见梁启超，并且仅委派其出任六品的办理译书局事务。梁启超获得任命后离开北京，没有再次参与新政。在整个变法的过程中，作为骨干成员的康有为与梁启超，各自仅见过光绪一次。

新政内容主要涵盖教育及军事等多方面的政策和体制。其最终目标，是推行君主立宪制。康有为向光绪皇帝赠送康有为自己的著作《日本变政考》和《俄罗斯大彼得变政记》，还有李提摩太翻译的《泰西新史揽要》和其他有关各国改革的书。这是光绪倾向以明治维

清朝故宫内部装饰

新为改革的蓝本。

教育改革是维新派最重视的地方，细节包括：举办京师大学堂；所有书院、祠庙、义学及社学一律改为兼习中西学的学堂；各省设高等学堂，府城设中学，州县设小学；鼓励私人开办学堂；设立翻译、医学、农、商、铁路、矿、茶务及蚕桑速成学堂；派遣皇族宗室出国游历，挑选学生到日本游学；废八股文、乡试会试及生童岁、科考试，改考历史、政治、时务及四书五经，以及定期举行经济特科；设译书局；颁发著书及发明给奖章程，保荐优秀人才。

在经济建设方面，康有为强调：以工商立国，才能富国养民；因为官办企业多有弊病，故此也着重鼓励民办企业；设铁路矿务总局、农工商总局，并且在各省设分局；广泛开设农会，刊印农报，购买农具，订立奖励学艺、农业程序，编译外国农学书籍，采用清西各法切实开垦；颁发制器及振兴工艺给奖章程；在各地设立工厂；在各省设商务局、商会，保护商务，推广口岸商埠；开放八旗经商的禁令，名其学习士农工商自谋生计；倡办实业，促进生产。

在军事方面，改用西洋军事训练；遣散老弱残兵，削减军饷须支，实行团练，裁减绿营，举办民兵；颁发兴造枪炮特赏章程；筹设

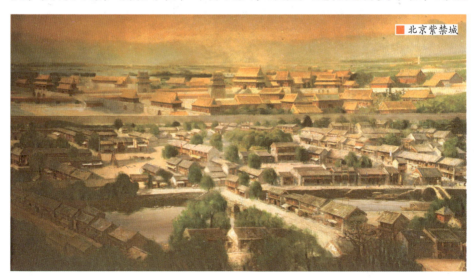

北京紫禁城

武备大学堂；武科停试弓箭骑剑，改试枪炮。

在政治方面，裁减冗官；设置京卿学士，以集思广益；准许地方官与士民上书；更改上海《时务报》为官报，创设京师报馆；解除报禁，允许民间创立报馆。

康有为还有好些未发表的新政，如尊孔圣为国教，立教部及教会，以孔子

袁世凯画像

纪年，制定宪法，开国会，君民合治，满汉平等，皇帝亲自统帅陆海军，改年号为"维新"，断发易服及迁都上海，等等。康有为自君民合治以下的新政都得到了光绪的同意。

戊戌政变新政一开始便遭到原来各大臣的抵制。特别是北洋大臣、直隶总督荣禄，更是保守派的头目。

1898年9月16日，光绪帝在颐和园召见统率北洋新军的直隶按察使袁世凯，面谈后升任他为侍郎候补。此外，荣禄还以英俄开战为由，催袁世凯急回天津。

据袁世凯的日记，之后谭嗣同于9月18日夜访袁世凯住处，透露皇上希望袁世凯可以起兵勤王，诛杀荣禄及包围慈禧太后住的颐和园。

9月20日，袁世凯回到天津，将谭嗣同的计划向荣禄报告。9月21日回宫后的慈禧太后临朝，宣布戒严，火车停驶。并立即幽禁光绪帝，废除新政，搜捕维新党人。

维新党人中，康有为早离开北京，梁启超逃入日本使馆。谭嗣同拒绝出走，表示："各国变法，无不从流血而成；今中国未闻有因变

谭嗣同雕像

法而流血者，此国之所以不昌也。有之，请自嗣同始。"其他数十人被捕。9月28日，谭嗣同、杨锐、林旭、刘光第、杨深秀、康广仁6人在北京菜市口惨遭杀害，史称"戊戌六君子"。

戊戌变法是我国近代史上具有重大意义的事件，是一次爱国救亡运动。它要求发展资本主义经济和扩大资产阶级政治权力，符合近代我国发展的历史趋势，因此也是一次进步的政治改良运动。它传播了资产阶级新文化、新思想，批判了封建主义旧文化、旧思想，又是一次思想启蒙运动。

由于变法失败，我国失去了一批倾向在原有体制内下实行改革的精英和支持者，代之而起的是主张激烈变革、推翻原有制度和政府的革命者，最后造成了清朝的覆亡，我国2000多年的帝制也画上句号。

阅读链接

光绪皇帝和自己的老师翁同龢感情非常好。

有一次慈禧生病，宫里的人全照管慈禧了。当时贵为天子的小光绪，竟然要自己铺床，自己倒茶喝。结果手弄流血了，胳膊烫伤了。后来帝师翁同龢实在看不过去，大骂值班太监。

此时，与亲人分离好久的小光绪又找到了一份安慰，他拉着老师的衣角，急着告太监对他的不公平。

翁同龢后来变法的时候也是一直支持光绪皇帝的，是保皇党的，甲午海战失败以后的不平等条约就是翁同龢签的字。